Dennis Bennett

Wachstum durch Fülle im Heiligen Geist

Leuchter-Verlag eG · Erzhausen

Titel der Originalausgabe: MOVING RIGHT ALONG IN THE SPIRIT
Übersetzung: KH. Neumann

Umschlaggestaltung: Dieter Illgen, Hannover

1. Auflage März 1983

ISBN 3-87482-099-8

Gesamtherstellung:
Schönbach-Druck GmbH, 6106 Erzhausen bei Darmstadt

Inhaltsverzeichnis

Vorwort

Das Problem beim Bücherschreiben ist, daß man scheinbar nie zu einem Punkt kommt, wo man bereit ist zuzugeben: „Gut, jetzt ist alles gesagt", und das Manuskript dann gern zum Verleger schickt. Immer ist man der Meinung, daß eigentlich noch einiges zu sagen gewesen wäre und daß manches, was nun geschrieben ist, noch besser hätte geschrieben werden können. Und immer will man noch etwas hinzufügen. Das wissen auch die Verleger. Deshalb setzen sie den Autoren oft ein endgültiges Datum, weil sonst manche Bücher nie fertig würden.

Hier ist nun also das Buch, das mir am Herzen gelegen hat. Ich hoffe, es wird vielen eine Hilfe sein. Es will kein gelehrtes Buch sein, obwohl ich hoffe, daß ich der Wissenschaft dort gerecht geworden bin, wo es nötig war. Ich habe versucht, so deutlich und einfach von den Dingen zu reden, wie es mir möglich war und habe, während ich schrieb, Gott immer wieder um Seinen Segen und Seine Führung gebeten.

Ich bete zu Gott, daß er jeden Leser segnen und durch den Heiligen Geist tiefer hineinführen möge in die Geheimnisse Gottes.

17. Februar 1982

In der Liebe Jesu Christi
Dennis Bennett

1. Kapitel

Nicht aufhalten lassen

Wenn Menschen erfüllt werden mit dem Heiligen Geist, bekommen sie einen ganz neuen Blick dafür wie gut Gott ist, wie freundlich und wie liebevoll. Es dauert allerdings oft nicht allzu lange, da wird diese neue Freude an der Liebe Gottes wieder langsam gedämpft, und Zweifel an der Liebe und Güte Gottes wollen sich wieder breitmachen. Deshalb wollen wir gleich im nächsten Kapitel zunächst einmal darüber reden, wie Gott eigentlich ist. Ich möchte all jene, die weiter wachsen wollen in der Fülle des Heiligen Geistes, daran erinnern, was Gott ihnen schon von Seinem eigenen Wesen offenbart hat, nämlich daß Er ein Gott ist, der liebt und der möchte, daß wir auch Ihn und unsere Mitmenschen lieben.

Das Buch möchte außerdem einige Fragen behandeln, die durch die charismatische Erneuerung wieder in's Blickfeld gerückt sind, wie z. B. Krankenheilung, Lobpreis und auch einige überraschende Erscheinungen, die bei Beobachtern manche Fragen aufwerfen. Außerdem möchte es vor einigen Fallgruben und Irrtümern warnen und einige Antworten auf Fragen anbieten, die heute oft gestellt werden.

Außerdem werden wir uns mit einigen „alten" Problemen beschäftigen, über die schon oft geschrieben worden ist. Ich glaube, einige Dinge muß man wieder einmal ganz klar auf den Leuchter stellen, da sie im Laufe der Zeit etwas verwässert werden.

Ein sicherer Weg, vorwärts zu gehen.

Wir reden über vermehrtes Wachstum in der Fülle des Heiligen Geistes. Aber wir haben einen geistlichen Feind, der nicht möchte, daß wir auf diesem Weg vorwärts kommen und unser Ziel erreichen. Wir wollen kurz überlegen, wie er versuchen könnte, uns zu hindern.

Stellen Sie sich einen Mann vor, der ein Pferd besteigen will, um dem Bürgermeister in der nächsten Stadt eine wichtige Botschaft zu überbringen. Wir wollen außerdem annehmen, es gäbe jemand, der nicht möchte, daß diese Botschaft die nächste Stadt erreicht. Was würde er nun, ohne unnötige Gewalt anzuwenden, versuchen, um den Boten zu hindern?

Als erstes probiert er vielleicht, den Boten davon zu überzeugen, daß Pferde gefährlich seien. „Meine Mutter kannte einen Mann, der von einem Pferd abgeworfen wurde und deshalb sechs Monate im Krankenhaus zubringen mußte. Und mein Onkel wurde von einem Pferd gebissen. Es sind bösartige Tiere. Ich würde mich an deiner Stelle nicht mit Pferden einlassen."

Doch der kleine Plan gelingt nicht, weil der Bote entschlossen ist, das Pferd zu besteigen. Also wird sein Gegner ihn nun vielleicht überreden wollen, verkehrt herum in den Sattel zu steigen, mit dem Gesicht zum Schwanz des Pferdes.

Aber der Bote ist zu klug für diese List, steigt richtig in den Sattel, steckt seine Füße in die Steigbügel und ergreift die Zügel. Was nun?

„Aha", sagt der Schurke, „ich werde ihn in die falsche Richtung schicken. Die Stadt, in die er will, liegt im Süden, ich werde ihn davon überzeugen, daß er nordwärts reiten muß."

Doch auch das funktionierte nicht. „Dann werde ich

mich einfach in seinen Weg stellen und ihn nicht losreiten lassen", beschloß der Widersacher des Boten.

„He, du reitest mich ja um. Was soll das?" Eilig sprang er beiseite, weil der Bote entschlossen anritt. „Aber warte, ich habe noch einen Trick in meinem Ärmel."

Als nun das Pferd an dem Schurken vorbeitrabte, schlug dieser ihm mit aller Wucht von hinten in den Bauch, so daß das Tier wild wurde und mit seinem Reiter davonraste. „Hoffentlich rennt das Biest so weiter", dachte der Schurke. „Wenn das Pferd immer noch so wild ist, wenn es am Ziel ankommt und wie verrückt durch die Stadt rennt, werden alle Leute dort denken, der Reiter sei rücksichtslos oder nicht ganz normal. Niemand wird dann glauben wollen, was er ihnen ausrichten soll."

So ähnlich versucht auch der Satan uns aufzuhalten. Er möchte uns alle guten Dinge stehlen, indem er erzählt, sie seien gefährlich oder falsch. Wenn das nicht klappt, will er uns in die falsche Richtung schicken, damit wir die Dinge mit falschen Motiven tun. Und gelingt ihm das nicht, versucht er uns einfach aufzuhalten, indem er uns allerlei Schwierigkeiten und Probleme macht. Doch wenn alles andere versagt, versucht er, uns zu extremen Fanatikern zu machen, die so übertreiben, daß die Leute erschrecken und deshalb nicht sehen, daß wir ihnen etwas zu erzählen haben, was wirklich großartig ist.

Wir wollen das rechte Gleichgewicht halten, wenn wir in der Fülle des Heiligen Geistes vorwärts gehen und wachsen. Das soll im richtigen Tempo, zur richtigen Zeit und auf dem richtigen Weg geschehen, und wir wollen dabei auch in die richtige Richtung gehen.

2. Kapitel

Wie ist Gott?

Einige Jahre nach Beendigung ihres Studiums ging meine Frau Rita einmal mit einer Freundin zu einer Veranstaltung. Auf dem Weg dahin wurde sie von ihrer Begleiterin gefragt: „Hast du heute in der Zeitung von dem schrecklichen Feuer in dem Waisenhaus gelesen? Wenn es einen Gott gibt, wie du sagst, wie kann Er zulassen, daß all die Kinder verbrannt sind?"

Die meisten Menschen setzen voraus, daß ein Gott, wenn Er existiert, gut und allmächtig sein muß. Deshalb folgerte auch Ritas Freundin, dieser Gott müßte doch, wenn Er voller Liebe ist und alle Macht hat, nur gute Dinge geschehen lassen. Da aber viele böse Dinge geschehen, schloß sie daraus, es gäbe keinen Gott.

Wie ist es nun damit? Ist Gott gut, und ist Er allmächtig? Und kann Er beides zur selben Zeit sein? Ein Mann sagte einmal: „Wenn Gott gut ist, ist Er nicht Gott; und wenn Er Gott ist, ist Er nicht gut."

Menschen, die an Gott glauben, versuchen die bösen Dinge, die geschehen, auf andere Weise zu erklären. Manche sagen: „Gott ist wirklich allmächtig, und es geschieht alles wie

Er will. Auch die bösen Dinge, die geschehen, kommen von Ihm, damit Er dann aus dem Bösen Gutes machen kann." Vor einigen Jahren nahm ich an einer Versammlung teil, wo der Leiter uns erzählte, daß ein junges Mädchen bei einem Autounfall ganz schrecklich verletzt worden sei. Mehrere Wochen habe sie noch unter großen Schmerzen gelegen und sei dann gestorben. Sie war wirklich tief gläubig, und während ihrer Leidenszeit hatte sie allen erzählt, wie sehr sie Gott lieb habe. Der Glaube und Mut des Mädchens hatten die ganze Stadt bewegt, und eine Anzahl Menschen hatten auf Grund dieses Zeugnisses Christus angenommen. Der Leiter sagte also, Gott habe diesen schrecklichen Unfall geplant und gewollt, damit diese Menschen sich bekehren sollten. Gott habe Böses getan, sagte er, um daraus Gutes hervorbringen zu können.

Ganz gewiß stimmt, daß Gott aus Bösem Gutes hervorbringen kann. „Wir wissen aber, daß denen, die Gott lieben, alle Dinge zum Guten mitwirken", sagt die Bibel in Römer 8, 28. Und das stimmt! Aber will das auch sagen, daß Gott der *Verursacher* aller Dinge ist? Wenn Terroristen Flugzeuge in die Luft sprengen oder Häuser in Brand setzen, sehen wir in ihnen eine Bedrohung der Gesellschaft. Doch die Terroristen würden sagen, daß sie das Böse ja nur tun, um ihre guten Absichten zu verwirklichen. Würde Gott nicht ebenso handeln wie die Terroristen, wenn Er Übles tun würde, um später Gutes daraus hervorgehen zu lassen? Paulus schreibt in Römer 3, 7.8, einige Leute hätten ihn beschuldigt, er lehre: „Tue Böses, damit Gutes daraus entstehen kann." Doch Paulus widerspricht dort heftig und macht klar, daß er es keinesfalls so gemeint habe.

Andere gehen nicht ganz so weit. Sie sagen vielmehr: „Gott *verursacht* das Böse nicht. Er ist zwar allmächtig, und alles geschieht nach Seinem Willen, aber man muß natürlich sehen, daß er einen „vollkommenen" Willen hat und einen „zulassenden" Willen. Er *verursacht* diese üblen Dinge nicht, aber Er läßt zu, daß sie geschehen.

Aber wo ist eigentlich ein Unterschied zwischen Dingen, die man zuläßt, obwohl man sie verhindern könnte, und Dingen, die man direkt verursacht? Wenn Sie zum Beispiel wissen, daß die Straßenbrücke eingestürzt ist und Sie warnen die Leute nicht, sind Sie doch mitverantwortlich für die Unfälle, die geschehen, obwohl Sie mit dem Einsturz der Brücke selbst nichts zu tun hatten.

Wenn wir sagen, Gott verursache die üblen Dinge oder Er lasse zu, daß sie geschehen, bringen wir in beiden Fällen die Menschen dazu, daß sie vor Gott Angst bekommen.

In einem Nachbarort brannte eine kleine christliche Buchhandlung aus. Es war eine schwere Krise für die Besitzerin, die seit drei Jahren hart gearbeitet hatte, um das kleine Geschäft auf die Beine zu bringen. Außerdem besaß sie keine Versicherung. Die Zeitung berichtete, ihr erster Gedanke sei gewesen, Gott habe ihr Geschäft verbrannt, um sie irgendwie zu bestrafen. Sie ging voller Angst umher und wartete immer auf den nächsten Schicksalsschlag. Doch die Mutlosigkeit hielt nicht lange an. Eine Freundin erinnerte sie an Psalm 112, 6.7: *,,Denn in Ewigkeit wird er nicht wanken, zum ewigen Andenken wird der Gerechte sein. Er wird sich nicht fürchten vor böser Nachricht. Fest ist sein Herz, es vertraut auf den Herrn."* Sie berichtete: ,,Nachdem ich dies gelesen hatte, nahm der Herr mir meine Angst." Sie konnte Ihm vertrauen, daß Er helfen würde, ihre Buchhandlung wieder aufzubauen.

Doch viele laufen niedergebeugt herum, weil sie sich vor Gott fürchten. Sie sehen in Ihm ein unberechenbares Wesen, das jeden Augenblick ohne erkennbaren Grund Unheil über sie bringen kann. Gewiß ist wahr, was Hebräer 12, 6 sagt, daß Gott als rechter Vater Seine Kinder, die Er liebt, auch züchtigt, wenn dies notwendig ist; und die Bibel sagt auch, daß Er ungehorsame und sündige Menschen in Nöte bringen will in der Hoffnung, daß sie sich besinnen und umkehren zu Ihm. Doch Gott ist nicht wie der Lehrer, den ich als Kind einst in England in der Schule hatte. Wenn ein Kind ungehorsam war, nahm er irgend etwas, das auf dem Pult lag, und warf es nach dem Ungehorsamen. Traf er nicht ihn, sondern einen anderen Jungen, sagte er: „Na, das ist dann schon für das nächste Mal." In dieser Klasse wußten wir, daß wir früher oder später alle bestraft werden würden, ganz gleich, wie wir uns benahmen und bemühten, weil der Lehrer ein Sadist war und Freude daran hatte, seine Schüler zu bestrafen. Doch Gott ist kein Sadist; und Er züchtigt Seine Kinder nicht ohne Ursache oder für eine Belanglosigkeit oder einfach „schon für das nächste Mal".

Es gibt Menschen, die angesichts allen Übels sagen: „Wir können nicht verstehen, warum Gott dieses Übel schickt, wir können Ihm nur vertrauen." Andere aber sagen voll kindlichem Glauben: „Ich vertraue Gott, daß Er mir grundlos kein Übel schickt." Wer hat nun größeres Vertrauen?

Wenn jemand gestorben ist, hört man die Menschen oft sagen: „Gott hat ihn hinweggenommen. Doch die Bibel sagt recht deutlich, daß der Tod nicht von Gott kam noch kommt. Der Tod kam erst durch die Sünde in die Welt und ist immer ein Feind. „Denn Er muß herrschen, bis Er alle Feinde unter Seine Füße gelegt hat. Als letzter Feind wird der Tod weggetan", sagt Paulus in 1. Korinther 15, 25.26. Gott führt Seine Kinder aus dem Tode heraus in Sein Reich, aber der Tod ist nicht Gottes Freund noch Sein Mitarbeiter.

WAS WÜRDE JESUS TUN?

Es ist zwar wahr, daß der Prophet Jesaja sagt, daß Gottes Gedanken nicht unsere Gedanken sind, und Gottes Wege nicht unsere Wege (Jesaja 55, 8). Doch er fährt dann fort zu erklären, Gottes Wege seien himmlische und viel höher als die unseren; es sind nicht Wege unvernünftiger Grausamkeit. Seit Christus kam und gemeinsam mit dem himmlischen Vater jedem, der Ihn darum bittet, den Heiligen Geist gibt, können wir Ihn viel besser verstehen, denn durch den Heiligen Geist können Seine Gedanken auch die unseren werden. Wir können durch den Heiligen Geist die Gedanken Gottes, die „Geheimnisse Gottes", verstehen (1. Korinther 2, 16). Die Bibel sagt uns, daß Gott uns immer klarer zeigen will, wie Er ist und was Er tut. Jesus offenbarte uns in Seinem Leben den Vater. Er sagt: „Wenn ihr wissen möchtet, wie Gott der Vater ist, dann schaut Mich an" (Johannes 14, 9). Wenn Sie also wissen möchten, was Gott in einer bestimmten Lage tun würde, so fragen Sie doch einfach: „Was würde Jesus tun?"

In meinem Buch „Der Heilige Geist und Du" habe ich berichtet, wie ich gebeten wurde, für eine Frau zu beten, von der die Ärzte sagten, daß sie bald sterben würde. Sie wohnte weit entfernt von uns, doch ich kam in ihre Nähe. Freunde baten mich, bei ihr hineinzuschauen. Ihr Gesicht war eingefallen und von ihrer Krankheit gezeichnet, doch sie strahlte voller Freude. Sie sagte: „Ich bin versöhnt mit der Tatsache, daß mein Zustand der Wille Gottes ist."

Wie sollte ich dagegen argumentieren? Sie unterordnete sich Gott. Ist es nicht gerade das, was Christen tun sollen? Gewiß, das stimmt! Doch es wäre vielleicht nicht unweise, zuerst herauszufinden, was Gottes Wille unter den betreffenden Umständen für uns wirklich ist, ehe wir uns widerspruchslos unserem Schicksal ergeben. Ist denn alles, was uns widerfährt, Gottes Wille? Das ist doch, was die Mohammedaner glauben. Sie akzeptieren alles als den Willen Allahs. Tatsächlich bedeutet „Islam" ja „Unterwerfung unter den Willen Gottes". Der Mohammedaner betet nicht darum, Verhältnisse zu ändern, sondern bittet um Gehorsam, in sie einzuwilligen, welcher Art sie auch immer sein mögen. Doch jene Frau, oder genauer gesagt die Freunde dieser Frau, hatten mich gebeten, für ihre Heilung zu beten. Offensichtlich glaubten sie nicht, daß alles, was ihr widerfuhr, so war, wie Gott es wollte. Doch die Frau selbst sagte mir, ihr sei klar, daß Gott ihr dies alles geschickt habe.

Ich überlegte einen Augenblick und sagte dann zu ihr: „Wenn Jesus jetzt sichtbar in diesen Raum treten würde, was, glauben Sie, würde Er tun?"

Sie zögerte einen Augenblick und antwortete dann: „Wieso? Er würde mich natürlich heilen."

„Genau", erwiderte ich. „Und daran zweifeln Sie ganz gewiß nicht? Oder?"

„Nein", erklärte sie fest.

Ich sagte: „Und Jesus hat zu uns gesagt, daß Er nur die Dinge tut, die Er Seinen Vater tun sieht und daß Er nichts von sich selbst aus tat. Er sagte auch, Er und Sein Vater seien so eng beieinander, daß sie wie Einer seien, so daß, wer Ihn, also Jesus sieht, der sieht dadurch auch den Vater. Wie können Sie mir also erzählen, daß Jesus Sie zwar heilen würde, daß es aber des Vaters Wille sei, Sie an dieser Krankheit sterben zu lassen?"

Der nachdenkliche Ausdruck wich von ihrem Gesicht. Sie lächelte jetzt noch mehr als vorher. „O, ich verstehe Sie jetzt!" rief sie froh. Nun konnte ich auch mit ihr um ihre Heilung beten.

Sehen Sie jetzt? Gott ist wirklich und wahrhaftig gut; und zwar nicht in einer indirekten und mysteriösen Weise, sondern so, daß wir es auch verstehen können. 1. Johannes 4, 16 sagt: „Gott ist Liebe, und wer in der Liebe bleibt, bleibt in Gott und Gott bleibt in ihm." Gott möchte wirklich das Beste für die Menschen, die Er geschaffen hat, wenn sie nur auf Seinen Willen eingehen. Und wenn nicht? Ich glaube, es war der alte Jeremy Taylor, der sagte: „Gott droht schreckliche Dinge an, wenn wir nicht glücklich werden wollen." Gott weiß am besten, daß wir zu Ihm kommen müssen, wenn wir wirklich glücklich werden möchten. Es gibt nur Kummer und Unglück, wenn wir von Ihm fort und in die Dunkelheit laufen. Wenn Gott also Menschen „züchtigt", will Er sie damit zu sich führen, nicht von sich treiben. Als meine Kinder noch klein waren, wohnten wir in einem Eckhaus an zwei verkehrsreichen Straßen. Wir sagten den Kindern, sie sollten nicht auf der Straße spielen. Doch eines der Kinder tat es immer wieder. Also machte ich mir eine kleine Rute, und als das Kind das nächste Mal auf die Straße rannte, bestrafte ich es damit. Haßte ich mein Kind etwa, weil ich das tat? Natürlich nicht, sondern ich liebte den Jungen und wollte ihn vor Schaden bewahren.

Woher kommt dann das Unheil? Ist Gott nicht allmächtig? Kann Er nicht dafür sorgen, daß die schädlichen und sinnlosen üblen Dinge nicht geschehen?

GOTT IST DER HERR

Gott ist wirklich allmächtig, niemand sollte das bezweifeln; und Er ist König, Herr über alles. Er kann erschaffen und zerstören wie es Ihm gefällt. Und Gott ist auch wirklich gut. Er erschuf eine gute Welt. In den ersten Kapiteln der Bibel lesen wir, daß Gott sagte, alles, was Er geschaffen hat, sei sehr gut.

Gott machte die Welt mit allem darauf, wie Er es sich vorgenommen hatte. Doch um dafür zu sorgen, daß die Erde auch so blieb, mußte Gott alles unter Kontrolle behalten. Er konnte nicht zulassen, daß irgend etwas in der Schöpfung sich so benahm, wie es ihm gerade gefiel, weil Gottes Schöpfung sonst in Unordnung geraten konnte.

Ich denke, das ist für jeden gut zu verstehen. Wenn Sie allein leben, können Sie so ziemlich machen, was Ihnen gefällt. Sie stehen auf, wenn es Ihnen recht ist, gehen zu Bett, wenn Sie mögen, essen was Sie wollen, machen Urlaub, wo es Ihnen gefällt usw. Sind Sie aber verheiratet, müssen Sie ein Stück dieser Freiheit drangeben. Es sind jetzt immer zwei, die bei Speisen, Möbel, Geldausgeben, Urlaub usw. übereinstimmen müssen. Ihre Welt kann nicht mehr so sein, wie Sie allein sie gerade möchten. Und wenn Sie dann Kinder haben, werden die Dinge noch komplizierter. Wenn Sie anderen erlauben, in Ihr Leben zu kommen, müssen Sie ein Stück Ihrer Freiheit aufgeben. Warum tun wir Menschen es dann trotzdem? Weil wir lieben und geliebt werden möchten und Gemeinschaft haben wollen. Diese Werte sind uns ein Stück unserer Freiheit wert.

Aber ich kann doch auch einen Partner heiraten, der alles tut, was ich wünsche; und meine Kinder kann ich ebenso erziehen. Warum soll das nicht gehen? Weil es keine Liebe geben kann, wo es keine Freiheit gibt. Wenn Sie jemand heiraten wollen, der immer nur schweigend Ihre Befehle befolgt, wäre es doch wohl besser, Sie würden sich einen Diener oder eine Dienerin halten. Und vielleicht dauert es gar nicht mehr lange, dann könnten Sie sich auch einen Roboter kaufen, der immer genau ausführen wird, was Sie wollen und all Ihre Launen hinnimmt. Aber ein Roboter würde keinen guten Freund abgeben, und noch viel weniger einen guten Ehepartner.

Ein menschlicher Diener kann nur insoweit Ihr Freund sein, wie Sie es ihm erlauben und ihm Freiheiten einräumen. Er kann nicht Ihr Freund sein, wenn er einfach nur tut, was Sie ihm auftragen, weil Sie ihn dafür bezahlen oder weil er Angst vor Ihnen hat. Beim Militär ist enge Freundschaft zwischen Offizieren und Mannschaftsdienstgraden nicht gern gesehen, denn wenn jemand mein Freund ist, mag ich ihm nicht gern Befehle geben.

Natürlich mag ein Freund aus Freundesliebe heraus das tun, was Ihnen gefällt. Aber er tut es freiwillig, weil er es möchte und nicht, weil Sie es von ihm verlangen. Jesus sagte zu Seinen Nachfolgern: „Ihr seid Meine Freunde, wenn ihr tut, was Ich euch sage" (Johannes 15, 14). Doch nur Gott kann Seinen Freunden gegenüber solche Ansprüche stellen.

GOTT BESCHRÄNKT SICH SELBST

Hier finden wir den Schlüssel: Wenn jemand mich liebt, muß er auch frei sein, mich zu hassen. Ein Mann kann keinem Mädchen befehlen, sich in ihn zu verlieben. Wenn er sie durch Drogen, Hypnose oder ähnliches dazu bringen kann, sich ihm gegenüber liebevoll zu benehmen, ist es trotzdem alles andere als Liebe. Ein kleiner Roboter mag seinem Herrn sehr treu sein, aber nur, weil er so programmiert ist. Menschen sind aber keine Roboter, und programmierte Liebe ist überhaupt keine Liebe.

C. S. Lewis sagt: „Eine Welt von Automaten — von Kreaturen, die wie Maschinen funktionieren — wäre es kaum wert, geschaffen zu werden. Zu dem wahren Glück, das Gott für Seine Geschöpfe vorgesehen hat, gehört es, freiwillig und aus Liebe die Gemeinschaft mit Gott und unseren Mitmenschen zu suchen."

Aus diesem Grunde hat der allmächtige Gott Menschen geschaffen, die einen freien Willen haben, damit sie wirklich aus ihrem eigenen Herzen heraus lieben können. Doch indem Er dies tat, hat er auch die Möglichkeit eingeschlossen, daß diese Menschen sich zu etwas anderem entscheiden, als für Seinen Willen; daß sie statt Gottes Güte und Liebe dann Unheil und Zerstörung wählen. C. S. Lewis sagt weiter: „Ist ein Wesen frei zum Guten, so ist es auch frei zum Bösen. Ein freier Wille hat das Böse möglich gemacht. Warum hat Gott Seinen Geschöpfen dann einen freien Willen gegeben? Weil der freie Wille, der das Böse erst möglich macht, auch die einzige Möglichkeit für wahre Liebe ist."

Liebe aber ist Gott wichtiger als eine vollkommene Welt. Gott ist bereit, das Risiko einzugehen, daß Unordnung, Rebellion, Leid und sogar Tod in Seine Schöpfung kommen, wenn die Liebe sich entfalten kann. In seiner „History of Christianity" sagt K. S. Latourette: „Gott ist sich des Risikos bewußt, daß Menschen Seine Gaben auch mißbrauchen können. Aber Er vertraut darauf, daß andere dem Bösen widerstehen und so in ihrem Leben durch die Gaben und Segnungen Gottes sich Früchte entfalten, die viel größer sind, als alle Möglichkeiten des Mißbrauchs Seiner Gaben. Gott möchte Menschen mit ausgeprägtem Charakter, keine Automaten. Doch solche Charaktere können sich nur entfalten, wenn den Menschen die Freiheit eingeräumt wird, sich selbst zu entscheiden zum Guten oder zum Bösen, auch zu ihrem ewigen Heil oder Unheil."

Dadurch, daß Gott uns Menschen einen freien Willen zugestand, hat Er Seine Allmacht nicht aufgegeben. Er hat aber den Gebrauch Seiner Allmacht von sich aus für eine bestimmte Zeit eingeschränkt. Nehmen wir an, Sie wären bei Ihrem Arbeitgeber als Fahrer für ganz dringende Dinge eingestellt und müßten für ihn beständig auf Abruf bereit stehen. Zu dem Zweck muß für den Wagen, den Sie fahren, immer ein Parkplatz vorhanden sein. Ihr Arbeitgeber hat also für Sie einen solchen Parkplatz bestimmt, der immer freigehalten werden muß. Niemand anders darf zu irgendeiner Zeit diesen Platz benutzen, nicht einmal er selbst.

Ihr Chef hat natürlich nicht das endgültige Verfügungsrecht über den Parkplatz aufgegeben. Ihm gehört ja sogar das Auto, das sie fahren, und er könnte es Ihnen zu jeder Zeit wegnehmen. Er könnte Sie auch entlassen, wenn er das wünscht. Der ganze große Parkplatz gehört ihm. Er könnte den Platz verkaufen oder umpflügen und einen Acker daraus machen oder etwas darauf bauen lassen. Doch solange er Ihnen garantiert hat, daß Sie diesen einen Parkplatz zu Ihrer alleinigen Verfügung haben, hat er sein eigenes Verfügungsrecht darüber entsprechend eingeschränkt.

Gottes Verhalten uns Menschen und der Erde gegenüber ist so ähnlich. Er könnte diesen Planeten total zerstören, wenn Er wollte. Doch solange Er bei Seinem Entschluß bleibt, mit und durch uns Menschen zu wirken und uns die Freiheit zu lassen, Ihm zu gehorchen oder nicht, kann Er nicht alles in der Ordnung erhalten, wie Er es geschaffen hat und haben möchte.

Gott ist die Fülle der Liebe und möchte, daß wir Ihn auch lieben. Deshalb räumt Er jedem Menschen die Freiheit der Entscheidung ein.

3. Kapitel

Himmlische Kriegführung

Wir Menschen sind Amphibien. (Amphibien sind Tiere, die in zwei Elementen — auf dem Land und im Wasser — leben können.) Unser Leib ist für das Leben auf dieser Erde gemacht. Aber wir haben einen Geist, der nach dem Bilde Gottes geschaffen ist, so daß wir in der Lage sind, mit der geistlichen Welt Verbindung aufzunehmen. Unser nach dem Bilde Gottes gemachter Geist kann auf Gott eingehen und sich auch in Liebe anderen Menschen zuwenden, wenn wir das wollen. Unsere Seele, unsere psychologische Natur, hält Verbindung zu beiden Welten, der irdischen und der geistlichen.

Gott hat uns Menschen die Herrschaft über diesen Planeten Erde übertragen. „Herrschet über die Fische des Meeres und über das Gevögel des Himmels und über alles Getier, das sich auf der Erde regt" (1. Mose 1, 28). Der Psalmist sagt vom Menschen: „Du hast ihn wenig geringer gemacht als Engel, mit Herrlichkeit und Pracht krönst Du ihn. Du machst ihn zum Herrscher über die Werke Deiner Hände; alles hast Du unter seine Füße getan" (Psalm 8, 6.7).

Unglücklicherweise haben die ersten Menschen ihre Freiheit benutzt, um sich von Gott abzuwenden. Die Bibel sagt,

20

sie wurden dazu überredet von einem mächtigen Wesen, einem der Geistgeschöpfe, die Gott gemacht hatte, um mit Ihm das Universum zu schaffen und in Ordnung zu halten. (Wir nennen diese Wesen gewöhnlich „Engel". Doch bei diesem Wort denken wir meist an Frauen mit Flügeln. Das Wort „Engel" bedeutet „Bote" und bezieht sich nur auf eine bestimmte Art oder einen bestimmten Auftrag dieser Geistwesen. Auch menschliche Boten werden manchmal „Engel" genannt, wie z. B. in Offenbarung 1—3.) Dieses Geistwesen, das die Menschen verführte, hatte sich schon Zeitalter zuvor gegen Gott gewandt und hatte seither in der Schöpfung Gottes immer wieder Unheil und Zerstörung angerichtet. In der Bibel wird dieses Wesen „Satan" genannt, was Feind oder Widersacher heißt, oder auch „Teufel", eine Bezeichnung, die im Griechischen sagen will, jemand, der alles durcheinander bringt, ein Betrüger.

Dieses Wesen, der Satan, redete den ersten Menschen ein, Gott wolle sie unterdrücken und brachte sie dazu, Gott ungehorsam zu werden. Er sagte: „Ihr wißt ja, ihr könnt selber wie Götter sein. Ihr könnt selbst entscheiden, was richtig und was falsch ist und was für euch gut ist oder nicht" (1. Mose 3).

Die Menschen fielen Satans Lüge zum Opfer, unterbrachen dadurch ihre Gemeinschaft mit Gott und rissen sich aus der bewahrenden Hand Gottes los. Sie hatten angenommen, daß sie nun erst wirklich freie Wesen sein würden, doch statt dessen gerieten sie unter die Herrschaft des Satans. Er übernahm nun die geistliche Herrschaft der Erde und ließ eine große Schar anderer rebellischer Geistwesen auf sie los, die Paulus später als „Weltbeherrscher der Finsternis" bezeichnet (Epheser 6, 12). Die Atmosphäre und der unseren Planeten umgebende nahe Weltraum wurden erfüllt mit diesen Geistwesen, so daß Gottes Engel sich ihren Weg zur Erde oft erst erkämpfen mußten. Manchmal brauchten sie sogar Hilfe und Verstärkung wie Gabriel, der von Gott zu Daniel gesandt wurde (Daniel 10, 13.20), weil sie es allein gegen diese „Weltbeherrscher der Finsternis" nicht schafften. Paulus nennt diese üblen Wesen auch die „Geister der Bosheit in der Himmelswelt" (Epheser 6, 12).

Satan und die anderen rebellischen Geister versuchen nun die Menschen zu überreden, sie anzubeten. Im Alten Testament geben sie sich Namen wie Moloch, Dagon, die Baalim usw. In anderen Ländern werden sie Zeus, Mars, Venus, Thor, Loki und mit vielen anderen Götternamen benannt, die wir in den heidnischen Religionen finden. Und sie sind auch heute immer noch um uns. In Teilen unserer Welt, wo die alten Religionen noch leben, betet man sie auch noch unter ihren alten Namen an. In unseren modernen westlichen Ländern huldigt man ihnen auch noch, aber zum Beispiel als „Führergeist" für ein Medium oder in okkulten Zirkeln und bei den Teufelsanbetern usw. Hier ist auch einer der Gründe, weshalb Astrologie so gefährlich ist. Dort erkennt man an, daß diese Wesen Macht haben und bezeichnet sie mit Namen wie Mars, Venus, Merkur, Jupiter und andere, die das Leben der Menschen beeinflussen können.

Zur Zeit, als Jesus Seinen Dienst auf Erden begann, herrschte der Satan ebenfalls über diese Erde. Er versuchte Jesus, indem er Ihm in einem Augenblick alle Reiche dieser Welt zeigte und zu Ihm sagte, er wolle Jesus all diese Reiche und Herrlichkeit übergeben, weil es in seine Hand gelegt sei und er dies alles geben könnte, wem immer er wolle (Lukas 4, 6). Der Teufel ist ein Lügner. Doch dieses Mal sagte er die Wahrheit. Jesus lehnte des Satans Angebot zwar ab, sagte aber nicht, der Teufel habe kein Recht, Ihm dieses Angebot zu machen. Im Johannesevangelium sagt Jesus dreimal, daß Satan der „Fürst dieser Welt" sei (Johannes 12, 31; 14, 30; 16, 11).

DIE GROSSE VERÄNDERUNG

Die Erde hat zwei Zweige lebender Formen hervorgebracht: Pflanzen und Tiere. Wir sollten froh sein, daß es so ist. Wir würden nicht allzugut zurecht kommen, wenn wir von Wasser, Erde, Kohlensäure und Sonnenschein leben sollten. Die Pflanzen tun das, wie wir wissen, durch das Wunder der Photosynthese. Tiere und Menschen sollten sich nun von diesen „grünen Dingen der Erde" ernähren (1. Mose 1, 29.30). Es sieht so aus, als ob Gott nicht wollte, daß die Pflanzen zerstört werden sollten, um Nahrung zu geben. Eher sollten Menschen und Tiere von den Früchten und Samen der Pflanzen leben und von den Blättern. Ich muß ja auch nicht meinen Kirschbaum umhauen, um seine Früchte zu genießen.

Als die Menschen ihre ihnen von Gott gegebene Herrschaft an den Satan verloren, drehte die Erde, bildlich gesprochen, durch. Geistlich getrennt von Gott und beherrscht von Satan wurden nicht nur die Menschen, sondern auch die Natur selbst, immer mehr in Unordnung gebracht und zerstört. Gott hatte den Menschen die Herrschaft über die Tierwelt übertragen. Doch nun begannen Tiere über Menschen herzufallen; und Gott mußte den Menschen erlauben, die Tiere zu jagen und zu töten, um sich vor ihnen zu schützen und von ihnen zu nähren. In 1. Mose 9, 1—5 wird uns diese traurige Sache berichtet. Die Menschen hatten weiterhin Macht über die Tiere. Doch wo sie vorher durch Liebe und Zuneigung als Gottes Vertreter über die Tierwelt herrschen sollten, geschah es jetzt durch Furcht und Gewalt (1. Mose 9, 2).

WAS WAR GOTTES URSPRÜNGLICHER PLAN!

Als Gott die Welt schuf, gab Er ihr auch Naturgesetze, nach denen alles hier in rechter Ordnung ablaufen sollte. Nur Gott kann diese Gesetze durchbrechen. Wenn Er dies manchmal tut, sagen wir Menschen, es sei ein Wunder geschehen. Doch ich meine, daß durch die große Veränderung, die durch Satans List und den Ungehorsam der Menschen verursacht wurde, auch manche Unordnung in die Naturgesetze eingeschlichen ist, die manchmal zum Durchbruch kommt.

Menschen, die nicht an Gott glauben, nennen unter anderem dafür den Grund, daß Kinder manchmal mit Schäden und Fehlern geboren werden. Wenn es einen liebevollen und allmächtigen Gott gäbe, sagen sie, würde Er so etwas nicht zulassen.

Doch es gibt einen Gott, und Er möchte nicht, daß Kinder mit Fehlern und Schäden geboren werden. Könnten Sie sich vorstellen, daß Jesus ein behindertes Kind erschaffen würde? Solche Behinderungen sind oftmals das Ergebnis von Fehlern im genetischen Code. Es scheint nahe zu liegen, daß auch das Altern der Menschen und der Tod sowie solche erblichen Defekte die Ergebnisse von „Irrtümern" in den von Gott gegebenen Naturgesetzen sind, die durch die von Satan erzeugte Unordnung zustande kommen und kamen.

Gott hat diesen wunderbaren Vererbungsprozeß in der Natur vorgesehen, durch den durch die Vereinigung von männlichen und weiblichen Zellen die physischen und vielleicht auch ein Teil der geistlichen Anlagen an den neugezeugten Menschen weitergegeben werden. Durch die Vermischung dieser verschiedenen Zellen gibt es eine unendliche Vielfalt von menschlichen Individuen. Gott erfreut sich an dieser Vielfalt, Er will keine Welt voll geklonter Geschöpfe, die einander gleichen wie ein Ei dem anderen.

In diesem wunderbaren Vererbungsplan Gottes gab es keinen Raum für Geburtsschäden, Krankheiten, Altern oder Tod. Doch als durch den menschlichen Ungehorsam die Verbindung zu Gott verloren ging, konnte sich auch hier Unordnung in die göttliche Ordnung einschleichen, durch welche die gesunde und geordnete genetische Kette unterbrochen wird und es so schon bei der Geburt eines Menschen zu Schäden kommen kann.

Wir sehen an diesem Beispiel, wie weit die Unordnung und das Unheil reichen, die durch den menschlichen Ungehorsam und die folgende Sünde in die Welt kamen.

GOTTES WEG IST LIEBE, NICHT GEWALT

Als die Menschen sich gegen Gott wandten und sich unter die Herrschaft des Teufels stellten, hätte Er sie natürlich vernichten können, und Satan und all seinen Anhang gleich mit. Er hätte den Menschen auch ihren freien Willen wieder nehmen und alles wieder so ordnen können wie am Anfang. Schon die alten Griechen wußten in der klassischen Zeit ihrer Stadtstaaten, daß es einen kurzen und radikalen Weg gab, um Dinge, die durch den Mißbrauch demokratischer Freiheiten im Staat in Unordnung geraten waren, wieder zu ordnen. Sie setzten einen Tyrannen ein, der mit absoluter Vollmacht regierte. Heute würden wir sagen, sie entschlossen sich zu einer Diktatur. Als erstes erläßt so ein Tyrann oder Diktator immer harte Gesetze, die alle Freiheiten sehr einschränken oder ganz nehmen. Ist dies geschehen, können Dinge wieder mit Gewalt in die alte Ordnung gebracht werden. Ich bin alt genug, um mich noch daran zu erinnern, wie man Adolf Hitler zuerst Beifall klatschte, als er in Deutschland an die Macht kam. Es dauerte nicht lange, da hörten die so sehr übertriebenen Arbeitskämpfe auf und auch die Straßenschlachten, die sich die verschiedenen politischen Parteien lieferten. Arbeitslose wurden im Arbeitsdienst zur Arbeit kommandiert, und schnell kehrte Ordnung ein. Aber welchen Preis mußten das deutsche Volk, die vielen anderen Opfer Hitlers (hier sei nur an die Juden erinnert) und die ganze Welt für diese Gewaltherrschaft am Ende zahlen?

Wenn die Freiheit genommen wird, geht die menschliche Würde verloren. Die Möglichkeit der Zusammenarbeit und des freiwilligen Gehorsams um der Liebe willen ist nicht mehr vorhanden, und es wird sehr schnell dunkel; wie wir es damals ja in Nazi-Deutschland sehen konnten und heute noch an den Ländern unter kommunistischer Diktatur. Auch bei uns im Westen gibt es ja leider Bestrebungen, Menschen mit Hilfe von Medizin und Technik vielleicht zur Unterwürfigkeit zu zwingen.

Gott weigerte sich aber, wie ein Diktator zu handeln. Er nahm lieber in Kauf, daß es in der Welt Unordnung und Not gab, ließ aber dadurch den Menschen die Möglichkeit, um der Liebe willen Ihm freiwillig zu gehorchen. Gott ist kein Tyrann, und Er möchte keine Sklaven. Er möchte Menschen, die Ihn aus freiem Entschluß als König anerkennen und lieben. Deshalb ließ Gott den Menschen ihren freien Willen und ließ damit auch zu, daß Satan die Herrschaft über die Menschen an sich reißen konnte.

Natürlich wird es nicht ewig so bleiben, denn Gott hat „einen Tag gesetzt, an dem Er den Erdkreis richten wird in Gerechtigkeit" (Apostelgeschichte 17, 31). Die Bibel sagt: „Der Herr ist König" (Psalm 99, 1). Die Rebellion der Menschen ändert nichts an der Königsherrschaft Gottes. Er könnte alle Aufrührer mit einer Handbewegung beiseite fegen. Doch Er wartet geduldig eine lange Zeit, um den Menschen die Gelegenheit zu geben, sich für oder gegen Ihn zu entscheiden. Wenn jeder die Chance zur Entscheidung gehabt hat, wird Gott Seine Allmacht gebrauchen, um alles Böse und Unheil aus Seiner Schöpfung hinauszufegen, so daß nur Liebe, Herrlichkeit und Freude bleiben.

Gott hat nicht aufgehört, die Menschheit zu lieben, aber die Menschen haben kein Vertrauen und keine Liebe mehr zu Ihm. In dem Gleichnis vom verlorenen Sohn zeigt uns Jesus, wie Gott auch die noch liebt, die sich von Ihm abwenden. Der Vater liebt den Sohn weiter, der aus dem Hause geht, und als er endlich zurückkommt, läuft er ihm entgegen und veranstaltet ein großes Freudenfest. Der heimkehrende Sohn empfing volle und freie Vergebung, weil der Vater wußte, daß er sich total verändert hatte. Der Sohn hatte wieder „zu sich selbst" gefunden.

GOTTES RETTUNGSPROGRAMM

Nachdem sich die Menschen trotz der Liebe Gottes immer weiter von Ihm entfernten und deshalb in der Sintflut fast untergingen, begann Gott, sobald Er einen Menschen dafür fand, der Ihm völlig gehorchte, Sein großes Rettungsprogramm. Diesen Menschen fand Gott in Abraham, mit dem Er einen Bund schloß und dem Er versprach, durch ihn und seine Nachkommen alle Völker der Erde neu zu segnen. Aus den Kindern Jakobs, den Urenkeln Abrahams, wurde das Volk Israel, das Er durch die Gesetze, die Er ihnen gab, von den anderen Menschen absonderte, um durch sie Sein Programm der Rettung der Menschheit von den Mächten der Finsternis fortzusetzen.

In dem Land, in das Gott Sein auserwähltes Volk Israel führte, wohnten Völker, welche die gefallenen Geistwesen und dämonischen Geister als Götter anbeteten. Deshalb forderte Gott, daß Sein auserwähltes Volk sich von diesen Völkern fern halten sollte, um nicht unter den Einfluß der teuflischen Geister zu kommen, denen jene Völker dienten, und deren Gottesdienst ausartete bis hin zur Tempelprostitution und zu Menschenopfern, vor allem Kinderopfern. Sein Volk sollte diese Völker aus dem Lande treiben und alle töten, die nicht gehen wollten. Dies geschah nicht, weil Gott diese anderen Völker gehaßt hätte, sondern weil die gesamte Hoffnung der Menschheit darauf beruhte, daß Gott Seinen Plan mit Israel fortsetzen konnte, und weil da nichts dazwischen kommen durfte.

Gott gab Israel deshalb besondere Gesetze und große Führer, wie Mose, David usw. sowie Propheten, also Männer und Frauen, durch die Er zu dem Volke reden konnte. Er tat auch mächtige Wunder für Israel, um ihnen immer wieder zu zeigen, daß Er ihr Gott sein wollte.

Doch auch das auserwählte Volk Israel gehorchte Ihm und Seinen Geboten nicht, sondern lehnte sich gegen Ihn auf. Deshalb mußte Gott auch sie in die Hände des Satans geben, der Israel von den anderen Völkern besiegen ließ und am liebsten ganz ausgerottet hätte, zum Beispiel in der babylonischen Gefangenschaft. Doch es gelang Gott immer wieder, einen Überrest Seines auserwählten Volkes, der im Gehorsam zu Ihm hielt, zu erhalten und durch diesen Überrest Seinen Plan weiterzuführen, bis dann die Zeit kam, wo Er durch ein großes Wunder Seinen Sohn Jesus als Erlöser in die Welt senden konnte.

Im Alten Testament konnte sich Gott den Menschen, auch Seinem auserwählten Volk, nur sehr unvollkommen offenbaren, weil Er nicht direkt mit ihnen in Verbindung und Gemeinschaft treten konnte. Doch durch Seinen Sohn Jesus Christus wurde Ihm diese Offenbarung Seines Wesens möglich. Jesus sagte klar: ,,Wer Mich sieht, sieht den Vater'' (Johannes 14, 9). An Jesus bekamen die Menschen nun eine klare Möglichkeit, zu entscheiden, ob sie Gott wollten oder nicht.

Und die Menschen entschieden sich. Viele lehnten Jesus ab, manche nahmen Ihn an. In Johannes 3, 18.19 sagt Jesus, daß alle, die an Ihn glauben, nicht gerichtet werden, daß aber alle, die sich weigerten, Ihn anzunehmen, schon durch ihre Weigerung gerichtet seien. ,,Dies ist das Gericht'', sagte Jesus, ,,daß das Licht in die Welt gekommen ist, und die Menschen haben die Finsternis mehr geliebt als das Licht (V. 19).

Auch die meisten führenden Menschen damals lehnten Jesus ab, verklagten Ihn und ließen Ihn am Kreuz hinrichten. Dies sah wie ein totaler Sieg des Satans und seiner bösen Mächte aus. Doch gerade durch Jesu freiwilliges Opfer wurde Gott die Möglichkeit gegeben, den Menschen ihre Sündenschuld zu vergeben, indem Er Jesu Tod als Bezahlung und Erlösung für die Schuld der Menschen annehmen konnte. Als nun Satan als Verkläger der Menschen vor Gott trat und sagte: ,,Diese Leute haben Dich verraten und die Erde ruiniert, die Du ihnen übertragen hast. Als gerechter Gott mußt Du sie dafür bezahlen lassen und sie richten'', konnte Gott antworten: ,,Es ist schon dafür bezahlt. Mein Sohn hat das getan.'' So konnte Gott sich in Seiner Liebe weiterhin den

Menschen zuwenden und ihnen Vergebung und einen neuen Anfang anbieten.

Jesus blieb nicht tot, sondern stand von den Toten wieder auf, das heißt, Sein Leib wurde wieder lebendig gemacht und verwandelt in eine neue Struktur, nicht mehr die alte physische, so daß Er nicht mehr an die Beschränkung von Raum und Zeit gebunden war. Zu Seinen Jüngern sagte Er: „Mir ist alle Gewalt gegeben im Himmel und auf Erden" (Matthäus 28, 18).

Nunmehr erklärte Er Seinen Jüngern, daß es ihre Aufgabe sei, Sein Reich mit aufbauen zu helfen hier auf Erden: „Geht hin in die ganze Welt und predigt das Evangelium der ganzen Schöpfung" (Markus 16, 15). Sie sollten Ihm helfen, nach und nach Seine Königsherrschaft über die Erde aufzubauen, aber nicht durch Gewalt, sondern durch die Predigt des Evangeliums der Versöhnung und der Liebe.

Danach hauchte Er den Heiligen Geist in sie (Johannes 20, 22) und gab ihnen das neue Leben, das Er ihnen schon früher verheißen hatte. Er erklärte ihnen, daß sie nun noch in Jerusalem bleiben und warten sollten, bis sie erfüllt würden mit der „Kraft aus der Höhe", also mit dem Heiligen Geist. Wenn sie dann mit dem Heiligen Geist getauft worden seien, würden sie in die ganze Welt gehen, den Menschen Sein Evangelium verkündigen und die gleichen Wunder und Zeichen tun, die Er in Seinem Erdenleben getan hatte (Johannes 14, 12; Apostelgeschichte 1, 8).

Diese Ausgießung des Heiligen Geistes, bei der die Jünger mit der „Kraft aus der Höhe" erfüllt wurden, geschah am ersten Pfingsttag in Jerusalem. Nach diesem Kommen des Heiligen Geistes kann nunmehr jeder Mensch, der Christus als seinen Erlöser annimmt und neues Leben empfängt, auch die gleiche Gabe des Heiligen Geistes empfangen wie die Jünger am ersten Pfingsttag. Wir brauchen nur darum zu bitten und bereit zu sein, die Geistestaufe zu empfangen, wodurch wir mit Seiner Kraft und Liebe und Seinen Gaben ausgerüstet werden, so daß sich in uns auch die Früchte des Heiligen

Geistes noch viel mehr entfalten können als schon seit unserer Wiedergeburt. In dieser Kraft des Heiligen Geistes sollen wir heute noch das Evangelium verkündigen und die gleichen Taten tun, wie sie Jesus und die ersten Jünger schon taten.

DAS KÖNIGREICH GOTTES

Wenn wir Jesus Christus als unseren Herrn und Erlöser annehmen, so akzeptieren wir gleichzeitig Seine Königsherrschaft. Wir werden dadurch auch zu einem Teil des Königreichs Gottes. Jesus Christus herrscht jetzt noch nicht als König über diese Erdenwelt, deshalb geschehen auch noch so viele üble Dinge. Aber Er ist jetzt schon König in den Herzen Seiner Kinder. Der Apostel Paulus sagt von Christus: ,,Er muß herrschen, bis Er alle Feinde unter Seine Füße gelegt hat''; und zwar, wenn ,,Er alle Herrschaft und alle Gewalt und Macht weggetan hat'', wird Er die Königsherrschaft in die Hand des Vaters legen, ,,damit Gott alles in allem sei'' (1. Korinther 15, 24—28).

Doch das Königreich Gottes ist noch nicht völlig auf die Erde gekommen, denn Jesus hat noch nicht alle Seine Feinde unter Seine Füße gelegt und hat auch noch nicht ,,alle Herrschaft und alle Gewalt und Macht weggetan''. Wenn diese Mächte der Finsternis heute immer noch auf der Erde herrschen und Kriege, Haß, Kriminalität, Elend und Krankheit verursachen, in welcher Weise ist Jesus dann jetzt überhaupt schon König? Wo regiert er denn jetzt? Die Antwort liegt auf der Hand. Während die Erde noch nicht völlig wieder unter Seine Herrschaft gekommen ist, regiert Jesus in den Herzen derer, die Ihn angenommen haben. Und diese Königsherrschaft Jesu soll durch Seine Kinder sichtbar werden. In Matthäus 10, 8 sagt Er zu Seinen Jüngern: ,,Heilt Kranke, weckt Tote auf, reinigt Aussätzige, treibt Dämonen aus.'' Diese Aufträge sind nie zurückgenommen worden. Durch den Heiligen Geist haben wir Kraft, die Dämonen auszutreiben und all die Dinge zu tun, die Jesus tat. Jesus sagt ja, daß wir sogar noch größere Dinge tun sollten als Er (Johannes 14, 12). Die Menschen sollen an uns sehen, wie Jesus durch uns an der Arbeit ist, wie sie es auch bei den Jüngern im frühen Christentum sahen. Auf diese Weise zeigt sich jetzt Jesu Königsherrschaft, bis Sein Sieg einmal komplett wird.

ISRAEL

Den Israeliten gab Gott das Verheißene Land und auch die Kraft, die kanaanäischen Stämme auszutreiben, die darin wohnten. Außerdem sagte Gott, Er wolle durch sie die ganze Welt segnen. Doch da die Israeliten ihre Aufgabe, die Kanaaniter zu vertreiben, nur halb erledigten, konnten diese wieder stark werden und die Israeliten verführen und plagen. Außerdem begriffen die Israeliten den Auftrag nicht, daß durch sie die ganze Welt gesegnet werden sollte, sondern zogen sich in enges nationales Denken zurück und bildeten sich ein, Gott liebe nur sie allein.

In ähnlicher Weise benutzen wir Christen meistens die Kraft, die Gott uns gegeben hat, nicht, um den Einfluß des Satans völlig aus unserem Leben zu vertreiben, sondern lassen uns von ihm immer wieder zu Sünde und Ungehorsam gegen Gott verführen. Ja, schlimmer noch: Wir haben Gott sogar verantwortlich gemacht für die üblen Dinge, die Satan tut. Leider gibt es sogar noch viele Christen, die den Teufel nicht ernst nehmen und glauben, er existiere gar nicht. Sie meinen, er sei nur eine komisch⸝ ⸝legorische Figur mit Hörnern und Mistgabel.

Außerdem benehmen sich vie⸝ ⸝n wie die alten Israeliten so, als seien ausschließlich ⸝ ⸝s verhätschelte Kinder und als würde sich Gott nicht u⸝ ⸝st der Welt kümmern. Viele Christen haben, was ich ⸝⸝ ⸝⸝ckungs-Komplex" nenne. Sie meinen, die Zeit der Se⸝⸝ ⸝g sei vorbei, und sie müßten nur noch beten, die Bibe⸝ ⸝n und sich von den anderen Menschen fern halten, bis der Herr kommt und sie zu sich entrückt. Sie glauben nicht, daß sie auch heute noch über die Kraft des Heiligen Geistes verfügen, um dadurch für Jesus Siege erringen zu können. Doch Jesus forderte uns auf zu beten: „Dein Reich komme; Dein Wille geschehe, wie im Himmel so auch auf Erden." Er hätte dies nicht gesagt, hätte sich Sein Reich schon über die ganze Erde ausgebreitet. Im Himmel gibt es kein Elend, keine Krankheit, keine Schmerzen und keinen Tod; doch von der Erde kann man das jetzt noch nicht sagen. Offenbarung 11, 15 spricht von Jesu endgültigem Sieg, wenn es dort heißt: „Die Königsherrschaft dieser Welt ist an unseren Herrn und Seinen Gesalbten gekommen." Bis dahin war dies noch nicht so gewesen. Wir brauchen nur in den Tageszeitungen zu lesen, um zu erkennen, daß Jesus diese Welt noch nicht beherrscht. Deutlich ist zu sehen, daß Satan hier noch regiert.

Doch Jesus hat den Satan besiegt, und Er hat die Macht, den Teufel und seine Werke zu zerstören. Doch Er benutzt diese Macht jetzt noch nicht direkt, sondern hat sie uns gegeben. Und wenn wir diese Macht nicht gebrauchen, werden die Mächte der Finsternis immer wieder die Oberhand behalten.

GEGEN GOTT KÄMPFEN?

Wenn wir glauben, Gott herrscht schon jetzt als absoluter König über diese Welt, sind wir schnell bereit, üble Dinge ohne Widerstand hinzunehmen, weil wir glauben, sie kommen von Gott. Und wenn Gott diese üblen Dinge schickt, wie sollten wir dann gegen Seinen Willen kämpfen? Dann können wir nichts anderes tun, als uns geduldig allem zu unterordnen, was uns begegnet. Wenn wir so denken, wird Gott kaum in der Lage sein, mit Seiner Kraft durch uns zu wirken, um die Dinge zu verändern.

Glauben Sie, daß Ihr Leben auf dieser Erde nur so eine Art Manöverübung sei und alle üblen Dinge, die Ihnen begegnen, seien von Gott gesandt, um Ihren Glauben und Ihre Geduld zu erproben? So ist es nicht! Viele Leute sagen dann, wenn in Ihrem Leben etwas schief geht: „Ich frage mich, warum Gott mir dies getan hat?" Ich habe sogar schon gehört, daß manche sagen, Gott und Satan würden in diesen üblen Dingen als eine Art Team zusammenwirken. Doch das ist nicht wahr. Satan ist der Feind Gottes, und er ist auch unser Feind. Es ist ein richtiger geistlicher Krieg im Gange. Deshalb fordert die Bibel uns ja auf, die „ganze Waffenrüstung Gottes anzuziehen" (Epheser 6, 10—18). Wenn wir uns diesem Kampf stellen, wachsen wir im Glauben und werden stärker im Geiste, denn Gott ist auf unserer Seite. Paulus sagt: „Wenn Gott für uns ist, wer vermag wider uns zu sein?" (Römer 8, 31). Es wäre für Soldaten recht schwer, tapfer zu kämpfen, wenn sie sich immer wieder fragen müßten, ob ihr Befehlshaber es hinter ihrem Rücken vielleicht mit dem Feind hält und ihnen so das Leben noch schwerer macht.

Gott ist nicht der Verursacher der Übel, die Seinen Kindern begegnen oder die in dieser Welt geschehen. Er versucht vielmehr, sie auszugleichen. Jesus wandte sich gegen Krankheit und Tod, wo immer Er ihnen begegnete. Geben Sie sich, wenn Sie in der Bibel lesen, selbst die Antwort, nach welcher Richtung hin Jesus die Dinge änderte. Ein Freund von mir sagte einmal: „Jesus hat nie Menschen zu Boden geschmettert, sondern sie immer aufgerichtet." Jesu Absicht war es nicht, Menschen betrübt zu machen; sondern Er sagte, Er sei gekommen, um Leben und Freude zu bringen (Johannes 10, 10; 15, 11). Jesus machte die Menschen nicht krank, sondern heil; und manchmal sogar, wenn Er solchen begegnete, die gestorben waren, weckte Er sie wieder von den Toten auf. Uns nun, als Seinen Jüngern, hat der Herr Jesus aufgetragen, dieselben Dinge zu tun, die Er getan hat. Doch wenn wir auch nur ein wenig annehmen, die üblen Dinge in dieser Welt könnten der Wille Gottes sein und von

Ihm kommen, werden wir nicht genug Glauben und Vertrauen haben, um Jesu Auftrag auszuführen.

Ich glaube deshalb auch nicht, daß alle Naturkatastrophen, die sich auf dieser Erde ereignen, von Gott geschickt sind. Viele Christen in unserem Lande behaupteten, als der Vulkan St. Helen im Jahre 1980 so gewaltig ausbrach, das sei Gottes Reden. Davon bin ich keineswegs überzeugt. Eine ganze Reihe von Menschen verloren bei diesem Ausbruch ihren Besitz und etliche auch ihr Leben. Waren diese Menschen etwa größere Sünder als wir anderen? Weil ein starker Westwind wehte, wurde die ganze Vulkanasche ostwärts getrieben. Ein großes Gebiet wurde davon bedeckt, was große Schwierigkeiten verursachte. Wir in Seattle zum Beispiel bekamen keine Asche ab; heißt das, wir sind gerechter und besser als die Leute in Yakima oder Wenatchee, wo es besonders schlimm war? Jesus sagt zu solchen Geschehnissen: „Oder jene achtzehn, auf die der Turm in Siloa fiel und sie tötete: meint ihr, daß sie vor allen Menschen, die in Jerusalem wohnen, Schuldner waren? Nein, sage Ich euch, sondern wenn ihr nicht Buße tut, werdet ihr alle ebenso umkommen" (Lukas 13, 4.5).

Wir sollten doch vorsichtiger sein und nicht so schnell alle Naturkatastrophen als „Werke Gottes" bezeichnen, es können auch Aktionen des Feindes sein. Satan ist immerhin der „Fürst der Gewalt der Luft" (Epheser 2, 2). Es hat in der Geschichte der Kirche Jesu Christi eine ganze Anzahl gläubiger Männer und Frauen Gottes gegeben, die Naturgewalten und Naturkatastrophen aus irgendeinem Grunde im Namen Gottes Einhalt geboten. Und wir wollen doch nicht sagen, daß sie damit gegen den Willen Gottes stritten.

Ich will damit natürlich nicht sagen, daß Gott keine Naturkatastrophen verursachen könnte, noch will ich sagen, daß Er das nie tun wird oder getan hat. Die Bibel sagt uns, daß ein Tag kommen wird, da wird Gott die „Grundfesten der Erde erschüttern" und wird alle hohen und stolzen Dinge zu Fall bringen.

Doch das sind dann übernatürliche Eingriffe in die Natur, nicht natürliche Ereignisse. Und wenn Gott solche Dinge tut, läßt Er es auch wissen.

DREI GEBIETE ALS HERAUSFORDERUNG DES GLAUBENS

Wir sollten uns im Glauben viel mehr der Tatsache bewußt werden, daß Gott uns durch den Heiligen Geist Kraft zur Verfügung gestellt hat, die durch uns wirksam werden soll. Ich möchte hier besonders drei Gebiete erwähnen, auf denen das geschehen könnte:

1. Unsere physikalische Umwelt

Wir haben erwähnt, daß Jesus dem Sturm gebot, sich zu legen und daß auch schon gläubige Menschen im Namen Gottes dem Wüten der Natur Einhalt geboten haben. Es hat einmal jemand gesagt: „Alle reden vom Wetter, aber niemand tut etwas dagegen." Bei Christen wäre das, wenn es nötig wird, etwas anderes. Ich glaube, es war Georg Müller, der einmal einer dringenden Angelegenheit wegen mit einem Schiff über die großen nordamerikanischen Seen fahren mußte. Doch das Schiff konnte wegen des zu dicken Nebels plötzlich nicht mehr weiterfahren. Kopfschüttelnd wies der Kapitän auf den Nebel hin, als Georg Müller ihn aufforderte, die Fahrt fortzusetzen. Müller bat den Kapitän, mit ihm in die Kabine zu kommen und dort mit ihm zu beten. Der Kapitän folgte der Aufforderung. Als sie gebetet hatten, sagte Müller: „Wenn Sie jetzt mit mir hinausgehen wollen, werden Sie sehen, daß der Nebel verschwunden ist." Es war so.

Auch ich habe schon unzweifelhafte Gebetserhörungen erlebt, wenn ich Gott bat, eine bestimmte Situation zu ändern, manchmal auch das Wetter. Leute fragen manchmal: „Was ist, wenn jemand für Sonnenschein betet und ein anderer für Regen?" Nun, Gott, der allmächtig ist, kann dem einen Sonnenschein geben und Regen dem anderen. Warum nicht?

Ich glaube, wir sollten uns mehr auf die Autorität besinnen, die Gott uns gegeben hat und sollten auch bei Naturkatastrophen mehr Gott vertrauen und mit Seiner Hilfe rechnen. Doch ich meine, wir könnten auch bei anderen äußeren Katastrophen oft mehr Gottes Bewahrung erleben, wenn wir ein offeneres Ohr für Gottes Reden hätten. Einer meiner Freunde fuhr einmal auf einer Bergstraße, die vierspurig war. Er fuhr auf der linken Spur der rechten Seite. Plötzlich sagte ihm eine innere Stimme: „Fahre ganz scharf an den äußersten rechten Straßenrand." Er zögerte einen Augenblick und tat es dann. Gerade noch rechtzeitig konnte er dadurch einem schweren Lastwagen entgehen, der auf der linken Seite der Straße mit hoher Geschwindigkeit über die Kuppe des nächsten Hügels gerast kam. Ich weiß, daß ich sehr häufig nicht so genau auf Gottes Reden höre, wie ich es tun sollte, und doch bin ich immer wieder versucht, Gott die Schuld zu geben, wenn ich dann in Schwierigkeiten gerate.

Wenn wir im Glauben Autorität über die uns umgebenden Verhältnisse haben können, sind damit auch solche Dinge gemeint, die unsere körperliche Gesundheit beeinflussen können. Es war nicht in Gottes Schöpferwillen vorgesehen, daß Bakterien uns befallen und andere schädliche Einflüsse die Gesundheit unseres Leibes zerstören sollten. Ich glaube, wir haben in der Bibel viele Hinweise dafür, daß Menschen, die wirklich in der Kraft und Fülle des Heiligen Geistes leben, auch mit übernatürlichen Widerstandskräften gegen Krankheiten rechnen können. „Aber die auf den Herrn harren, gewinnen neue Kraft" (Jesaja 40, 31). Nichts in der Schrift sagt uns, daß Gott es ist, der Seinen treuen Nachfolgern Krankheiten und Schwäche schickt, ich glaube eher, sie kommen von dem Feind Gottes, der auch der Feind aller wahren Kinder Gottes geworden ist, dem Satan. Doch ich werde auf diese Frage in einem späteren Kapitel noch näher eingehen.

2. Unachtsamkeit oder Bosheit anderer Menschen

Die meisten Probleme und Schwierigkeiten, die Menschen entstehen, kommen von der Unachtsamkeit oder gar Bosheit anderer. Aber auch hier haben wir durch die Kraft Gottes mehr Möglichkeiten, als wir glauben. Betrachten wir wieder Jesu Beispiel. Auch Jesus konnte die Menschen nicht zwingen, ihre Haltung Ihm gegenüber zu ändern, aber Er erlaubte ihnen nicht, Ihm ohne Seine eigene Einwilligung zu schaden. Ehe Er gekreuzigt wurde, sagte Er zu Seinen Jüngern, Er könnte zwölf Legionen Engel zu Hilfe rufen, wenn Er wollte (Matthäus 26, 53). Sein Tod war etwas, dem Er ausdrücklich zustimmte. Er wurde nicht gegen Seinen Willen an das Kreuz genagelt. Als die Häscher kamen, Jesus festzunehmen, fielen sie durch die Macht, die von Ihm ausging, rückwärts zu Boden (Johannes 18, 6). Jesus sagte: „Niemand nimmt Mein Leben von Mir, sondern Ich lasse es von Mir selbst" (Johannes 10, 18).

Versuche, Ihn zu töten, waren vorher schon genug gemacht worden. In Nazareth versuchten Seine Mitbürger, Ihn zu töten, doch Er ging einfach „durch ihre Mitte hindurch davon" (Lukas 4, 30). Er wurde auf übernatürliche Weise vor ihnen verborgen. Dies geschah auch bei anderen Gelegenheiten und wohl so ähnlich wie damals in Sodom, als Gott die Bewohner der Stadt auch verwirrte (1. Mose 19, 11).

In Paphos, auf der Insel Cypern, versuchte der Zauberer Elymas, Paulus am Wirken für Jesus zu hindern. Doch der Apostel gebrauchte die Kraft des Heiligen Geistes und schlug Elymas vorübergehend mit Blindheit (Apostelgeschichte 13, 6—12). Daniel wurde vor den Rachen der Löwen bewahrt, Petrus und später auch Paulus und Silas wurden wunderbar aus dem Gefängnis befreit. Natürlich waren diese übernatürlichen Befreiungen der Wille Gottes und das Werk des Heiligen Geistes. Doch Er ist vielleicht mehr bereit in Notlagen zu helfen, als wir glauben. Im Hebräerbrief haben wir eine interessante Stelle von denen, die „durch den Glauben Königreiche bezwangen, Gerechtigkeit wirkten, Verheißungen erlangten, der Löwen Rachen verstopften, des Feuers Kraft auslöschten, des Schwertes Schärfe entgingen, aus der Schwachheit Kraft gewannen, im Kampf stark wurden, der Fremden Heere zurücktrieben, Frauen erhielten ihre Toten durch Auferstehung wieder", dann heißt es dort weiter: „andere aber wurden gefoltert, da sie die Befreiung *nicht annahmen,* um eine bessere Auferstehung zu erlangen" (Hebräer 11, 33—36).

Vielleicht machen wir es oft zu schnell mit Dingen so, die uns begegnen. Wir lassen sie zu schnell über uns ergehen, als ihnen im Glauben zu widerstehen, weil wir glauben, Gott möchte, daß wir sie ertragen. Vor etwa 20 Jahren war ein Bischof unserer Kirche tief interessiert an der charismatischen Erneuerung und dem Wirken des Heiligen Geistes. Ich sollte vor der Bischofskonferenz darüber berichten und hatte viele Zeugnisse von Menschen gesammelt, die Erfahrungen mit der Taufe und den Segnungen im Heiligen Geist gemacht hatten. Ehe dieser Bischof seine Pläne ausführen konnte, starb er. Sein Tod war ein großer Verlust für uns. Ich glaube, die Erneuerung der Episkopal-Kirche hat dadurch mindestens für zehn Jahre einen Rückschlag erlitten. War dies Gottes Wille? Wäre dieser Mann vielleicht geheilt worden, wenn das Volk Gottes mehr die Notwendigkeit und Möglichkeit erkannt hätte, dem Teufel zu widerstehen?

Gott wird auch oft für die Kriege verantwortlich gemacht, die zwischen Völkern ausbrechen oder auch Bürgerkriege sind. Doch das ist ganz töricht. Denn es sind die Herrschaftsgelüste, der Neid und die Eifersucht der Menschen untereinander, die von dem alten Feind Satan noch kräftig geschürt werden, die immer wieder zu Kriegen führen. Der Apostel Jakobus schreibt: „Woher kommen Kriege und woher Streitigkeiten unter euch? Doch daher: Aus euren Lüsten, die in euren Gliedern streiten! Ihr begehrt und habt nichts; ihr tötet und neidet und könnt nichts erlangen; ihr streitet und führt Krieg" (Jakobus 4, 1).

GOTT HAT BESSERE PLÄNE

Wenn unsere Gebete manchmal nicht erhört werden, obwohl wir den Eindruck hatten, wir bitten um etwas, das auch im Willen Gottes liegt, so mag der Grund dafür daran liegen, daß andere Menschen, die sich gegen Gottes Absichten stellen, durch eine Entscheidung ihres freien menschlichen Willens einen Plan Gottes verhindern oder mindestens verzögern können. Sie waren vielleicht fest überzeugt davon, in einer anderen Fabrik eine bessere Arbeitsstelle zu bekommen; alle Wege dafür ebneten sich, und Sie hatten auch die innere Gewißheit, es sei der Wille Gottes, der diesen Platz für Sie vorgesehen habe. Sie haben nun Ihre jetzige Stelle schon gekündigt; doch da, sozusagen im letzten Augenblick, erhalten Sie die neue und bessere Stellung doch nicht. Wie kann das sein? Haben Sie sich so geirrt? Oder hat Gott Sie etwa zum Narren gehalten? Viele Menschen beginnen nun mit Gott zu hadern. Doch oft ist es einfach so, daß ein anderer Mensch, der dafür verantwortlich ist, daß Sie die neue Stelle bekommen und den Gott durch Seinen Geist entsprechend beeinflußte, im letzten Augenblick, vielleicht unter dem Einfluß des Satans, der immer Gottes Pläne und Absichten verhindern will, seine Meinung änderte und sich dem Willen Gottes verschließt. Da Gott aber, wie wir schon sahen, keinen Menschen zwingt, sondern ihm, wenn er das absolut will, immer seinen eigenen freien Willen läßt, scheinen Gottes Absicht und Ihr Wunsch zunächst vereitelt zu sein.

Doch genau jetzt gilt es Gott zu vertrauen. Denn wenn dieser Weg wirklich in der Absicht und im Plan Gottes war, weiß Er auch immer einen anderen Weg, und wenn dieser nicht zum Ziel führt, auch noch einen dritten oder noch mehr, um Seine Absichten zu erreichen. Er braucht nur wieder Zeit dazu, um Seinen neuen Plan durchzuführen. In der Bibel können wir manchmal auch Beispiele finden, wo es dem Satan scheinbar gelingt, einen Plan Gottes zu durchkreuzen. Doch wenn wir den Ablauf des Geschehens weiter verfolgen, stellen wir fest, daß Gott früher oder später doch zu Seinem Ziel gelangt. Wenn durch menschlichen Eigensinn und die Hinterlist Satans Gottes Absichten verhindert werden sollen, hat Gott immer wieder neue Pläne bereit, um sie zu erreichen. Oft benutzt Er in Seiner überlegenen Weisheit dann sogar die Bosheiten Satans oder die Torheiten der Menschen, um zum Ziel zu kommen. Gott war sicher nicht verantwortlich dafür, daß Joseph als Sklave nach Ägypten verkauft wurde, sondern der Neid von Josephs Brüdern war daran schuld. Doch Gott benutzte dieses böse Handeln der Brüder Josephs, um daraus viel Gutes entstehen zu lassen. Wir müssen manchmal nur ein wenig Geduld haben und Gott vertrauen und nicht gleich den Mut verlieren und an der Liebe und den guten Absichten Gottes zu zweifeln beginnen.

Ein recht bekannter christlicher Schreiber argumentierte einmal, Gott würde ab und zu beiseite treten und dem Satan seinen Weg lassen. Doch das scheint nur so, und eine solche Argumentation erinnert mich an die Geschichte des Vaters, der seinem kleinen Sohn Lebenserfahrung beibringen wollte. Er hob seinen kleinen Jungen hoch und stellte ihn ganz oben auf das Klavier. Dann breitete er die Arme aus und sagte: „Spring, mein Junge, Vati wird dich auffangen." Als der Kleine sprang, trat der Vater beiseite. Der Kleine stürzte auf den Fußboden und tat sich sehr weh. Als der Junge sich dann mühsam erhob, sagte der Vater zu ihm: „Das war die erste Lektion, Sohn: Du darfst niemals im Leben jemand vertrauen, nicht einmal deinem eigenen Vater!" Das ist bestimmt nicht Gottes Weise, Seine Kinder im Glauben, in der Erkenntnis und im Vertrauen zu Ihm wachsen zu lassen. Er möchte auch, daß wir lernen, gegen unseren Feind, den Satan zu kämpfen, im Glauben auszuhalten und nicht nachzulassen, Ihm zu vertrauen, wenn es im Leben einmal hart wird. Doch Er wird nie so hinterlistig mit uns umgehen.

3. Widersteht dem Teufel

Das dritte Gebiet, auf dem wir uns mehr auf die Macht Gottes und die Autorität, die Er uns geschenkt hat, besinnen sollten, ist die direkte Auseinandersetzung mit den Werken des Teufels. Die Bibel zeigt uns ganz klar, wie wir ihm begegnen sollen, sie sagt, wir sollen dem Teufel widerstehen, dann wird er von uns fliehen (Jakobus 4, 7). Jesus selbst sagt: ,,Siehe, Ich gebe euch die Gewalt, auf Schlangen und Skorpione zu treten, und über die ganze Kraft des Feindes, und nichts soll euch irgendwie schaden'' (Lukas 10, 19). Vergessen Sie niemals, daß unser eigentlicher Kampf nicht mit Menschen ist, sondern mit diesen bösen geistigen Mächten, die manchmal direkt und manchmal indirekt die wahre Quelle unserer Schwierigkeiten und Nöte sind (Epheser 6, 12).

Wir wollen aufhören, es dem Teufel leicht zu machen, indem wir einfach passiv alles hinnehmen, was uns widerfährt, als sei es der Wille Gottes. Wir wollen aufhören, die Menschen davon abzuhalten, zu Gott zu kommen, indem wir Ihn als einen willkürlichen Tyrannen beschreiben. Wir sollten den Menschen wirklich zeigen, daß Gott immer Gedanken der Liebe und des Friedens mit uns hat und daß Er diese Gedanken auch in unserem Leben zur Ausführung bringen möchte. Er wartet immer auf uns, daß wir Ihn in uns und durch uns wirken lassen, damit Er Seine Liebesabsichten mehr und mehr verwirklichen kann.

AUSGEWOGENES WACHSTUM

Wenn wir so mit dem Herrn Jesus durch das Leben gehen und den Heiligen Geist in Seiner Fülle und Kraft in und durch uns wirken lassen, wollen wir uns ganz Seiner Führung anvertrauen, damit Er uns ein auf allen Gebieten ausgewogenes geistliches Wachstum schenken kann. Machen Sie Ihren Sie liebenden himmlischen Vater nicht verantwortlich für all die zersetzenden und bösen Dinge, die Ihnen begegnen. Sie sollten vielmehr bereit sein, die Verantwortung für Ihre eigenen Sünden, Irrtümer und Fehltritte zu übernehmen und Gott dafür im Namen Jesu um Verzeihung bitten.

Vergessen Sie nicht: Wir stehen mitten in einem geistlichen Krieg. Wir können unsere Waffen nicht niederlegen und so tun als wäre, bis Jesus wiederkommt, für uns nichts mehr zu tun. Gewiß, wir Menschen sollten uns selbst nicht zu wichtig nehmen; andererseits sollten wir aber wissen, daß Gott auf uns, Seine Kinder zählt, um durch unsere Schwachheit mit Seiner Kraft wirken zu können.

Lassen Sie Jesus König sein in Ihrem Leben. Lieben Sie Ihn, ehren Sie Ihn, machen Sie Ihn zum Zentrum Ihres Lebens und Ihrer Familie. Folgen Sie Jesus und seien Sie bereit, wann immer Er etwas von Ihnen will, auf Seinen Willen einzugehen. Ich weiß aus eigener Erfahrung, daß dies nicht leicht ist. Ich vergesse oft, wie sehr Er mich liebt. Wenn dann Dinge nicht so gehen, wie ich möchte, bin ich schnell versucht zu sagen: ,,Warum, Herr? Hast Du nicht verheißen, Du wolltest allezeit bei uns sein (Matthäus 28, 20), oder, wie der Hebräerbrief zitiert:»Ich will dich nicht versäumen noch verlassen«'' (Hebräer 13, 5). Dann sage ich manchmal zu dem Herrn: ,,Ich habe mir für heute schon viele Pläne gemacht, Herr, die Dir sicher auch gefallen werden. Ich habe auch darüber gebetet. Deshalb werden sie Dir sicher gefallen und Du wirst mir dabei helfen. Du hast ja zugesagt, daß Du uns nicht verlassen willst. Geh nun also bitte mit mir, und hilf mir bei meinen Plänen.''

Oft muß ich dann so um die Mittagszeit etwa merken: ,,Herr, Du hast doch gesagt, Du würdest nicht versäumen, mir beizustehen; aber ich habe heute einen ausgesprochen schlechten Tag. Nichts will richtig klappen. Ich habe bisher nichts richtig erledigen können, eine mir günstig erscheinende Gelegenheit ist zu Wasser geworden und zu allem Überfluß hatte ich auch noch einen platten Autoreifen. Was ist eigentlich heute los?''

Wenn ich dann aufmerksam genug bin, höre ich den

Herrn wohl sagen: „Ach, mein Lieber, Ich bin schon bei dir. Verlassen habe Ich dich keinesfalls, und mir gefällt es auch nicht, wie es dir heute vormittag ergangen ist. Aber wie wäre es, wenn wir es am Nachmittag anders machen? Anstatt Mich zu bitten, mit dir zu gehen und Mich um deine Pläne zu kümmern, gehst du mit Mir und läßt Mich entscheiden, wohin wir gehen. Ich denke, dann wird es viel besser gehen." Gewiß, der Herr wird Sie nicht verlassen. Aber wenn Sie Ihren Willen und Ihre Pläne durchsetzen, werden Sie ganz schnell in Schwierigkeiten geraten. Fragen wir aber nach Seinem Willen, erleben wir immer wieder staunend, wie sich alles in unserem Leben wunderbar ordnet.

Als Jesus nach Seiner siegreichen Auferstehung sagte: „Mir ist alle Gewalt gegeben im Himmel und auf Erden", sagte Er als unmittelbar nächsten Satz zu Seinen Jüngern: „Geht nun hin..." (Matthäus 28, 18.19). Es ist kein Zufall, daß Jesus diese beiden Sätze in solchen Zusammenhang brachte. Er will, daß wir nun, erfüllt mit dem Heiligen Geist, in Seiner Autorität und Macht in die Welt gehen und die Menschen für Ihn aus der Macht der Finsternis zurückgewinnen. Und weil der Satan, der große Feind Gottes, auch um unseren Auftrag weiß und um die große Macht und Autorität, die Jesus uns dazu zur Verfügung gestellt hat, bekämpft er uns mit allen Mitteln. Doch wenn wir uns immer wieder auf die uns übertragene Kraft besinnen, wird Jesus durch uns jeweils Sieger bleiben können und so Stück um Stück Seine Herrschaft auf dieser Erde ausbreiten.

Laßt uns freudig singen: „Jesus ist König!" und dies dann auch in unserem Leben praktizieren.

4. Kapitel

Der Wert des Lobpreises

Im Jahre 1960 wurde ich Pastor der kleinen Episkopal-Kirche in Seattle, die nach etwa 40 mühsamen Jahren Kampf ums Überleben eigentlich geschlossen werden sollte. Die Glieder der Gemeinde waren sehr entmutigt. Ich selbst hatte kurz vorher erst die Geistestaufe erlebt und tiefgreifende Erfahrungen mit dem Heiligen Geist gemacht. Einige Glieder meiner neuen Gemeinde befragten mich darüber. Bald wuchs in einer Reihe von Mitgliedern das Interesse. Sie suchten und erlebten selbst die Geistestaufe, und die Gemeinde begann lebendig zu werden. (Die ganze Geschichte darüber ist in meinem Buch ,,In der Dritten Stunde'' nachzulesen.)

Es dauerte gar nicht lange, da hörte ich, wie sich jemand beklagte: ,,In der Kaffeestunde nach dem Gottesdienst sagen einige Leute jetzt oft »Preis dem Herrn«.''

Ich sprach mit denen, die gemeint waren und bat sie: ,,Nehmt euch ein wenig in acht. Ihr müßt ja bei der Kaffeetafel nicht gerade alle zusammenhocken und immer wieder »Preis dem Herrn!« rufen. Erweckt bei den anderen nicht den Eindruck, ihr wolltet etwas Besonderes sein, sondern setzt euch mitten unter sie.'' Sie verstanden, was ich meinte, und ich habe keine weiteren Klagen darüber gehört.

Aber war das nicht recht komisch? Der Mann, der sich beklagte, war gerade aus dem Morgengottesdienst gekommen und hatte dort auch an der Liturgie teilgenommen, die zu einem großen Teil aus Lobpreis zu Gott bestand. Doch als einige seiner Freunde anschließend in der lockeren Kaffeestunde auch ab und zu „Preis dem Herrn" sagten, ärgerte er sich. Für ihn war der Lobpreis Gottes offensichtlich etwas, das nur im Gottesdienst an vorgeschriebenen Stellen vorzukommen hatte. Leute, die am Kaffeetisch auch noch Gott priesen, waren für ihn schon so etwas ähnliches wie Schwärmer.

Doch ich verstand den guten Mann, denn noch nicht allzu lange Zeit vorher hätte ich daran ebenfalls noch Anstoß genommen. Gewiß, ich kannte Jesus als meinen Erlöser und hatte auch schon Erfahrungen mit der Gegenwart und Nähe Gottes gemacht. Ich glaubte von ganzem Herzen an all meine Aufgaben als Pastor und hatte Freude daran, andere aus dem Worte Gottes zu lehren. Ich glaubte an die Ämter und Sakramente der Kirche. Ich betete für die Kranken, und wir hatten von Zeit zu Zeit auch schon erlebt, daß Gott Kranke nach dem Gebet heilte. Doch wäre jemand am Sonntag nach dem Gottesdienst zu mir gekommen und hätte einfach „Preis dem Herrn!" gesagt, wäre ich auch ein wenig verlegen geworden.

Doch nun, nachdem ich die Taufe im Heiligen Geist erlebt hatte, war Gott mir in ganz neuer Weise, die ich mir vorher nie hätte vorstellen können, groß geworden, und ich begann den Wert des Lobpreises zu verstehen. Wenn ich morgens erwachte, pries ich Gott. Wenn ich tagsüber mit dem Auto unterwegs war, überraschte ich mich manchmal dabei, daß ich Gott pries. Wir priesen Gott, wenn wir im Hause eines Freundes zum Gebet zusammenkamen. Und abends, wenn ich zu Bett ging, schlief ich oft ein, indem ich innerlich sagte: „Preis sei Dir, Herr! Preis sei Dir!"

Und es ist eigentlich ganz einfach zu verstehen. Wenn Sie jemand lieben, möchten Sie es dieser Person auch sagen. Wenn ein Mann eine Frau liebt, sagt er ihr das. Er sagt ihr, wie schön sie ist, bringt ihr kleine Geschenke mit und tut nette Dinge für sie. Auf diese Weise preisen wir Menschen uns gegenseitig. Wir preisen unsere Frauen oder unsere Männer, unsere Kinder oder unsere Mitarbeiter. Wenn Sie einen Komponisten oder einen anderen Künstler treffen, dessen Werke Sie beeindruckt haben, möchten Sie sich mit ihm unterhalten, um ihm zu sagen, wie sehr sie seine Arbeit schätzen. Das ist doch ganz natürlich. Warum sollte es bei Gott anders sein?

LOBPREIS IST ETWAS ANDERES ALS DANK

Verwechseln Sie bitte Lobpreis nicht mit Dank. Sie sind sich zwar manchmal recht ähnlich, aber doch nicht dasselbe. Es ist wichtig, Gott zu danken. Auch den Menschen gegenüber ist das wichtig. Die Bibel sagt immer wieder, daß wir dankbar sein sollen. Doch um jemand zu danken, müssen Sie ihn nicht unbedingt selbst kennen. Deshalb können Sie auch jemand dankbar sein, den Sie selbst nie gesehen haben.

Vor einiger Zeit rief ein Freund bei uns an und fragte, ob wir einen Kassetten-Vervielfältiger gebrauchen könnten. Ein Bekannter von ihm hätte einen und wolle ihn gern für eine christliche Arbeit spenden. Ich antwortete: „O ja, wir könnten ihn gut gebrauchen." Nach einiger Zeit kam der Vervielfältiger mit kompletter Ausrüstung bei uns an. Ich schrieb einen Brief an den Spender, in dem ich unseren aufrichtigen Dank zum Ausdruck brachte. Bis heute haben wir diese Person noch nicht kennengelernt, obwohl wir ihr für seine Freundlichkeit gedankt haben. Ja, man kann jemand danken, den man nie gesehen hat. Wir bedanken uns bei der Frau, die uns, wenn wir mit einem Arm voll Paketen kommen, die Tür zum Postamt aufhält, oder auch bei dem Autofahrer, der uns in die Reihe hineinläßt, wenn wir aus der Nebenstraße einbiegen wollen.

Doch preisen können wir solche Leute eigentlich nicht.

Wir könnten von der Frau, die uns die Tür aufgehalten hat, nicht wirklich sagen: „Sie ist immer so freundlich und hilfsbereit." Das wäre eine Erklärung darüber, wie sie ist, nicht aber, was sie für uns getan hat. Wir könnten dies von der Frau unter Umständen auch sagen, wenn sie uns an diesem Tag die Tür nicht aufgehalten hätte. Sehen Sie, das ist Lobpreis. Wir müssen jemand erst kennenlernen, ehe wir ihn preisen können.

Wenn eine Frau ihrem Mann sein Lieblingsgericht kocht, wird er ihr dafür danken, wenn er klug ist. Wenn sie bei Freunden zum Essen eingeladen sind, wird er sich hinterher bei der Hausfrau bedanken. Wenn ihm in einem Restaurant das Essen ganz besonders geschmeckt hat, mag er dem Koch seinen Dank ausrichten lassen, obwohl er diesen vielleicht nie sehen wird.

Aber bei seiner Frau kann er mehr tun als ihr danken. Er kann sagen: „Liebling, du bist eine großartige Köchin." Er weiß, wie gut seine Frau kochen kann und kann sie deshalb dafür preisen. Er kann sogar noch viel weiter gehen und sagen: „Du bist eine wunderbare Frau." Tut er dies, wird seine Frau wahrscheinlich nicht antworten: „Na ja, es wurde auch Zeit, daß du es endlich merkst", sondern sie wird vielleicht sagen: „Du bist aber auch sehr nett und bist ein großartiger Ehemann." Dies öffnet den Weg dafür, daß die Liebe zwischen ihnen wachsen und vertieft werden kann.

Mit Gott ist es ähnlich. Sie können Gott danken, obwohl Sie Ihn noch nicht persönlich durch Jesus Christus kennengelernt haben. Doch um Ihn zu preisen, müssen Sie mit Ihm bekannt werden; Sie müssen selbst erleben wie Er ist. Wenn Sie Gott preisen, sagen Sie Ihm, wie wunderbar Er ist und wie sehr Sie Ihn lieben und ehren. Das sind keine bloßen Komplimente, sondern es ist die Wahrheit. Komplimente kann man machen, ohne daß man das, was man sagt, wirklich ernst meint, weil man sich vielleicht bei jemand einschmeicheln will. Aber im Lobpreis bringen wir unsere wahren Gefühle für jemand zum Ausdruck, den wir lieben.

Wenn wir Gott preisen, öffnen wir uns mehr für Ihn, um mehr von Seiner Liebe zu empfangen. Es ist nicht so, daß Gott uns erst zu lieben beginnt, wenn wir Ihn preisen — Er hat uns schon lange vorher geliebt. Doch wenn wir Ihn preisen, wenden wir uns Ihm mehr zu, und Er kann deshalb mehr von Seinem Segen und Seiner Liebe in uns ausgießen. Der Himmel ist erfüllt mit dem Lobpreis Gottes, und auf Erden sollte es ebenso sein. Deshalb sollten auch Sie Gott beständig in Ihrem Herzen und mit Ihrem Mund preisen, ganz gleich, was Sie gerade tun. Das meint wohl auch Paulus, wenn er sagt, daß wir alles „zur Ehre Gottes tun sollen" (1. Korinther 10, 31).

WARUM SOLLTE AUCH UNSER LOBPREIS AUSGEWOGEN SEIN?

Können wir Gott denn auch zuviel preisen? Nein, aber wir können Ihn mit den falschen Motiven preisen oder mit falschen Vorstellungen. Wir können Ihn auch so preisen, daß andere Menschen dadurch Anstoß nehmen. In der Sonntagsschule wurde den Kindern erzählt, daß man Gebete am besten erhört bekommt, wenn man Gott preist. „Ach, ich verstehe", rief ein Junge. „Ich muß Gott schmeicheln, dann tut Er, was ich möchte."

Nun, es ist zwar wahr, daß Gott die besser segnen kann, die Ihn preisen, und daß unser Lobpreis auch den Weg für Gebetserhörungen öffnet, so daß Heilungen und Wunder geschehen können. Der Psalmist sagt: „Es sollen Dich preisen die Völker; Gott, es sollen Dich preisen die Völker alle. Die Erde gibt ihren Ertrag; Gott, unser Gott wird uns segnen" (Psalm 67, 6.7).

Doch Gott ist ein guter Gott und möchte unser Wohl. Er ist kein zorniger Gott, den wir streicheln und schmeicheln müssen, um Ihn bei Laune zu halten, wie die Heiden das mit ihren Göttern tun müssen. Wir müssen Ihn nicht loben, um

Ihn zu überreden, gute Dinge für uns zu tun oder uns vor Üblem zu bewahren. Zwar kann unser Lobpreis oft der Anlaß dafür sein, daß wir vermehrte Segnungen von Gott empfangen, aber wir preisen Gott nicht deshalb, um gesegnet zu werden. Wenn das der Grund unseres Preisens wäre, dann wäre es eigentlich gar kein Lobpreis, sondern eine raffinierte Methode, von Gott etwas zu erhalten, was ich gern haben möchte. Wir preisen Gott nicht, um Ihn zu etwas zu überreden. Wenn wir Ihn preisen, wenden wir unseren Blick ab von den Sorgen und Problemen, die uns umgeben und betrachten Ihn in Seiner Größe, Seiner Liebe, Treue und Barmherzigkeit. In dem Augenblick, wo wir beim Lobpreis unsere Wünsche im Auge haben und nicht Gott, ist es kein Lobpreis mehr.

PREISEN UND DANKEN WIR GOTT FÜR ALLES?

„Wir sollten Gott für alles preisen, was geschieht, Gutes oder Böses. Wenn wir dies tun, wird sich alles zum Besseren wenden." Dies wird sehr oft gelehrt. Auch Bücher, die sehr gut verkauft wurden, sind darüber geschrieben worden. Ich weiß, was damit gemeint ist, wenn die Leute so sagen oder schreiben, doch man sollte hier etwas vorsichtig sein. Wenn man uns sagt, wir sollten Gott für alles preisen, wird doch dabei gleichzeitig vorausgesetzt, daß Gott alles verursacht hat, das Gute wie auch das Böse. Viele Leute sind zwar der Meinung, aber ich habe schon im zweiten Kapitel dieses Buches gesagt, daß ich eine andere Ansicht habe. Und ich glaube, damit auf sicherem Grund zu sein, denn die Bibel zeigt mir, daß Jesus dies auch nicht glaubte. Ich wüßte nicht, daß Jesus Gott jemals dafür gepriesen hätte, weil jemand aussätzig, blind oder lahm war. Er pries Gott auch nicht für den Tod des Lazarus. Die Bibel sagt uns vielmehr, daß Jesus in diesen Dingen Werke des Feindes, des Teufels sah. Und Johannes schreibt: „Hierzu ist der Sohn Gottes geoffenbart worden, damit Er die Werke des Teufels vernichte" (1. Johannes 3, 8).

Aber dann müssen wir Gott doch wenigstens für alles danken, denn Paulus sagt doch, wir sollten allezeit für alles dankbar sein?

Es stimmt, daß in vielen Bibelübersetzungen Epheser 5, 20 sagt: „Sagt allezeit für alles dem Gott und Vater Dank." Doch im Griechischen ist hier die Präposition *huper*, was in Verbindung mit dem Genitiv vielleicht eher sagen will *in* allem, statt *für* alles. In 1. Thessalonicher 5, 18 steht auch: „Danksaget in allem, denn dies ist der Wille Gottes in Christus Jesus für euch." Ich glaube nicht, daß Paulus sagen will, wir sollten Gott für alle Dinge, die guten und die bösen, danken, sondern wir sollten Ihm immer dafür danken, daß Er so gut ist, ganz gleich, in welchen Umständen wir uns befinden. Nicht alles, was geschieht, ist der Wille Gottes. Aber es ist Gottes Wille, daß wir in der Mitte von allem, sei es gut oder schlecht, Ihm danken und Ihn preisen, denn das gibt uns mehr Gnade und Kraft, das Böse zu überwinden und das Gute in uns wachsen zu lassen.

GEMEINSAMER LOBPREIS

Es ist für einen Christen sehr wichtig, gemeinsam mit anderen Gott zu preisen. Von der frühesten Zeit der Geschichte an sind Gottes Freunde zusammengekommen, um Ihm gemeinsam zu danken und Ihn zu loben. Auch dies ist uns menschlich gut verständlich. Wenn wir ein neues Auto besitzen oder eine neue Kamera, haben wir es gern, wenn wir Freunde darauf aufmerksam machen und mit ihnen darüber reden können. Wenn Menschen an einer Sache Interesse haben, sei es z. B. Briefmarken sammeln oder Brieftauben züchten, schließen sie sich häufig zu Vereinen zusammen, um mit anderen über das gemeinsame Anliegen reden und die Begeisterung teilen zu können.

In unendlich viel höherer Weise ist dies auch wahr, wenn für uns das Bedürfnis besteht, Gott für Seine Liebe, Güte und Treue zu loben und zu preisen. Der Heilige Geist, der in mir wohnt und mir Gott immer wieder so groß macht, daß ich Ihn preisen möchte, zieht mich gleichzeitig in die Gemeinschaft derer, die ebenfalls mit diesem Geist erfüllt sind. Wir stellen dann fest, daß wir Gott gemeinsam lieben und bewundern, und das treibt uns zu gemeinsamem Lobpreis, der durch den gegenseitigen Austausch unserer Erfahrungen mit unserem Gott noch viel intensiver sein kann, als wenn ich Gott allein preise.

Jesaja sah, wie die Seraphim vor Gottes Thron sich immer wieder gegenseitig zuriefen: „Heilig, heilig, heilig ist der Herr der Heerscharen, die ganze Erde ist voll Seiner Herrlichkeit" (Jesaja 6, 3). Das taten sie sicher nicht, weil sie damit einen ihnen befohlenen Dienst ausführten, sondern weil die Gegenwart ihres Gottes sie immer wieder dazu inspirierte. Wenn sie dies also im Himmel tun, warum sollte es bei uns, die wir als Seine Kinder hier auf Erden Seine große Liebe so wunderbar erfahren haben und immer neu erfahren, anders sein?

Eines morgens rief mich die für unsere Gemeindebücherei Verantwortliche an, um mit mir über einige Bücher zu sprechen, die sie gern anschaffen wollte. Sie ist eine sehr gebildete, kultivierte und vornehme Dame. Als ich mich am Telefon gemeldet hatte, fügte ich ein „Preis dem Herrn" hinzu. Sie antwortete: „Amen! Ehre sei dem Herrn!" Ich sagte: „Preis sei Gott", worauf sie: „Gelobt sei Sein Name" erwiderte. So ging es noch einige Minuten fort, ehe wir uns dann über die Bücher unterhielten. Mir war nach diesem Erlebnis verständlicher, was die Seraphim vor Gottes Thron bewegte, wenn sie miteinander Gott priesen.

Wenn Gottes Kinder zusammenkommen, möchten sie miteinander den Herrn preisen. Als die neue Geisteserweckung in unserer Episkopal-Kirche in Los Angeles begann, fühlten die Leute, wenn sie sich trafen, spontan den Wunsch, über Gott und Jesus Christus zu reden und Ihn zu loben, weil sie Ihn liebten. Wenn man jemand liebt, möchte man auch darüber reden, denn Liebe ist nicht nur etwas, das man hat, sondern auch etwas, das man tut.

Wenn Sie Gott wirklich lieben, wird der Wunsch, Ihn zu preisen, in Ihrem Herzen sein, wenn Sie allein sind, aber auch, wenn Sie mit anderen, die genauso empfinden, zusammen sind. Paulus schreibt an die Epheser: „Werdet voll Geistes, indem ihr zueinander in Psalmen und Lobliedern und geistlichen Liedern redet und dem Herrn in eurem Herzen singt und spielt" (Epheser 5, 18.19). Hier finden wir beides, das „zueinander in Lobliedern reden", also gemeinsam, wenn man zusammen ist, und das „im Herzen singen", wenn man allein sein mag oder wenn die äußeren Umstände das laute Lobpreisen nicht passend erscheinen lassen. Hier ist auch noch sehr stark anzunehmen, daß Paulus, wenn er von „geistlichen Liedern" redet, das Singen in neuen Zungen meint, womit hier die Bestätigung der Bibel vorläge, daß es sich dabei um einen Lobpreis Gottes handelt. Ähnlich sagt Paulus es auch noch einmal den Kolossern, wenn er sie ermutigt: „Lehrt und ermahnt euch gegenseitig mit Psalmen, Lobliedern und geistlichen Liedern, singt Gott in eurem Herzen in Gnade" (Kolosser 3, 16).

In Zentralalaska wird es im Winter oft so kalt, daß sogar das Wasser in den Leitungen innerhalb der Häuser gefrieren könnte, wenn es nicht ständig in Bewegung gehalten wird. Deshalb hat man dort Pumpen in den Häusern, die in der kalten Zeit dafür sorgen, daß das Wasser ständig in den Leitungen zirkuliert, auch wenn gerade keines entnommen werden muß. Dies scheint mir ein gutes Beispiel zu sein, wie sehr es nötig ist, daß wir dem Heiligen Geist erlauben, nicht nur in uns hineinzufließen, sondern auch durch uns hindurch zu anderen. Ein guter Weg dazu ist der Lobpreis Gottes. Wir können auch geistlich ganz schnell gefrieren, und es gibt heute eine Menge eingefrorene Christen. Doch wenn wir unter das Wirken und in die Freiheit des Heiligen Geistes kommen, dann wird der Strom der Liebe und des Lobpreises, der unser Herz erfüllt, auch überfließen, und so wird immer wieder neuer Raum für vermehrten Segen in unserem Leben.

Wenn wir in den Briefen des Apostels Paulus lesen, erfahren wir ein wenig darüber, wie es in den Versammlungen der ersten Christen zuging. Sie kamen damals meist in Privathäusern zusammen: „Was ist nun, Brüder? Wenn ihr zusammenkommt, so hat jeder einen Psalm, hat eine Lehre, hat eine Zungenrede, hat eine Offenbarung, hat eine Auslegung; alles geschehe zur Erbauung... Propheten aber laßt zwei oder drei reden, und die anderen laßt urteilen. Wenn aber einem anderen, der dasitzt, eine Offenbarung zuteil wird, so schweige der erste. Denn ihr könnt einer nach dem anderen alle weissagen, damit alle lernen und alle getröstet werden" (1. Korinther 14, 26—31). Es sollten also möglichst alle sich am Gottesdienst beteiligen. Natürlich hatte der Herr auch damals schon die verschiedenen Dienste geschenkt, wie Apostel, Propheten, Evangelisten, Pastoren, Lehrer usw. (Epheser 4, 11). Sie sollten die ganze Gemeinde führen, belehren und in der rechten Ordnung erhalten. Aber es wurde nicht erwartet, daß sie die Versammlungen allein gestalteten, daß sie allein redeten, allein beteten und allein priesen.

Als aber die Kraft und Fülle und damit auch die Freiheit des Heiligen Geistes in der Christenheit immer mehr nachließ, bekamen diese speziellen Dienste immer mehr Gewicht, so daß sie im Laufe der Zeit alles allein machten. Der Lobpreis wurde zu einer formalen Angelegenheit. Die Versammelten saßen nur noch still da und hörten zu. Und so ist es bis heute im allgemeinen geblieben. Ein klein wenig Beteiligung der Gemeinde wird ja noch erlaubt, nämlich beim Singen der gemeinsamen Lieder und in der Liturgie, wo die Gemeinde von Zeit zu Zeit mit „Amen" oder „Herr, erbarme Dich" oder „Herr, höre unser Gebet" oder ähnlichem antworten darf. Ich frage mich, was in den meisten Kirchen geschehen würde, wenn jemand plötzlich an einer anderen Stelle als in der Liturgie vorgesehen laut und spontan

„Amen" oder „Preis dem Herrn" sagte? Ich nehme an, die Gemeinde wäre unangenehm überrascht, und der Pastor würde wahrscheinlich aus dem Konzept kommen. Solche Reaktionen der Besucher würden als gegen die Ordnung gerichtet empfunden werden. Besucher kommen in den Gottesdienst, damit sie zuhören und gesehen werden, nicht damit man sie hört. Ich habe oft die Geschichte der kleinen Dame erzählt, die ganz schwer hören konnte. Einmal war sie zu Besuch bei Verwandten in einer schottischen Kleinstadt. Sie besaß, um wenigstens einiges zu verstehen, ein großes Hörrohr. Mit diesem Hörrohr in der Hand setzte sie sich ganz nach vorn, direkt unter die Kanzel, um den Pastor zu verstehen. Der Diakon sah das Hörrohr in ihrer Hand, kam auf Zehenspitzen leise zu ihr gegangen und flüsterte: „Madam, einen einzigen Ton und sie fliegen raus."

Ich möchte nicht mißverstanden werden. Ich bin durchaus nicht dafür, daß Gottesdienste fortwährend mit lauten „Amen" und „Hallelujas" unterbrochen werden. Aber ab und zu kann so eine ermunternde Bestätigung durchaus nichts schaden. Aber in unseren heutigen Gottesdiensten sollte mehr Freiheit zum Beten und zum Lobpreis gegeben werden, damit die Gemeinde sich aktiv beteiligen kann.

AUSGEGLICHENHEIT IST NÖTIG

Doch gerade, wenn wir für eine stärkere spontane Beteiligung der Gemeinde an unseren Gottesdiensten eintreten, ist auf der anderen Seite wieder das rechte Gleichgewicht nötig. Es wäre sehr unweise, einen Gottesdienst in einer Kirche, wo man es gewöhnt ist von Anfang bis zum Ende still zu sitzen, mit lauten „Hallelujas" oder „So sagt der Herr..." zu unterbrechen. Die Menschen dort würden dies ohne vorherige Belehrung ja gar nicht verstehen. Wir würden sie nur erschrecken und Vorurteile gegen das Wirken des Heiligen Geistes in ihnen aufbauen.

Unsere St. Lukas-Gemeinde in Seattle war vielleicht die erste Gemeinde einer historischen Kirche, die offen charismatisch war. Innerhalb kurzer Zeit waren der Pastor und ein großer Teil der Gemeinde mit dem Heiligen Geist getauft. In unseren Bibelstunden und Gebetskreisen erfreuten wir uns an dem Wirken des Heiligen Geistes, am freien Gebet und am Lobpreis. Doch in unseren Gottesdiensten am Sonntagmorgen, wenn Fremde uns besuchten, waren wir sehr zurückhaltend. Dies geschah nicht etwa, weil der Pastor es so wünschte, sondern weil unsere geisterfüllten Gemeindeglieder niemand erschrecken wollten. Doch alle Besucher wurden mit großer Offenheit, Liebe und Freundlichkeit umgeben.

Das heißt natürlich nicht, daß in unseren Sonntaggottesdiensten der Dienst der Geistesgaben und das gemeinsame Lobpreisen überhaupt keinen Raum hätten. Wenn der Geist es so wirkt, sind wir selbstverständlich offen darüber. Doch wir versuchen dabei auch immer in der Liebe und nötigen Rücksichtnahme an die Unwissenden zu denken. Es bedarf beim Umgang mit den uns vom Heiligen Geist geschenkten Freiheiten viel Weisheit und geistliches Taktgefühl. Keinesfalls sollte jemand versuchen, sich damit in den Mittelpunkt spielen oder eine Schau aufziehen zu wollen. Alles, was wir tun, sollte in der Liebe geschehen, damit Menschen, die zu uns kommen, sich von dieser Liebe umgeben fühlen.

HINAUSGEHEN

Einer der Gründe, daß wir nicht immer in der frohen Stimmung des Lobpreises bleiben, ist darin zu suchen, daß wir nicht hingehen, um anderen davon zu erzählen. Wir kommen zusammen, weil wir Erlösung empfangen haben, Heilungen erleben und beständig neue Segnungen und Stärkungen brauchen, um in dem geistlichen Krieg dem Satan zu widerstehen. Doch wenn Gott uns gesegnet hat, will Er uns zu den Verlorenen senden, damit auch sie noch zu Ihm finden. Teilen wir die geistlichen Segnungen, die Liebe und Treue, die wir von Gott empfangen, nicht mit anderen, gibt es in unserem Leben bald geistliche Verstopfung. Der Heilige Geist wird gehindert, uns weitere Segnungen zuteil werden zu lassen, und das geistliche Wachstum hört auf.

Doch genauso wichtig wie unser Zeugnis ist auch der Lobpreis Gottes für unser geistlich gesundes Leben und Wachstum. Wenn wir „Gott stets ein Opfer des Lobes darbringen, das ist Frucht der Lippen" (Hebräer 13, 15), dann kann der Lebensstrom des Geistes und die Freude im Geist unser ganzes Wesen immer neu durchströmen.

Vielleicht ist Ihnen manchmal nicht danach zumute, Gott zu preisen. Tun Sie es trotzdem. Sagen Sie Ihm: „Herr, es gibt im Augenblick allerlei Schwierigkeiten in meinem Leben, aber ich weiß, daß Du trotzdem wunderbar bist, auch wenn der Satan mir zusetzen will. Du hast sicher schon die rechten Antworten bereit, wenn ich Dir nur die Führung überlasse. Aber Antworten oder nicht, Herr, ich will Dich preisen, weil Du so groß und so gut bist und weil Deine Liebe nicht aufhört. Der Psalmist sagt: „Siebenmal am Tage lobe ich Dich" (Psalm 119, 164). Daraus sollten auch wir lernen. Es ist gut, sich Zeit zu nehmen, Gott zu loben, denn Er ist würdig, unseren Lobpreis zu empfangen.

Ein wichtiger Teil unserer Gemeinschaft mit Gott ist Gebet und Lobpreis. Gott ist viel wunderbarer, als unser menschlicher Verstand je erfassen kann. Wenn wir nur ein wenig von dem erkennen, was und wie Er ist, können wir nicht anders, als Ihn zu loben und zu preisen. Und wenn wir dies tun, ist unsere Seele weit offen, damit das Leben Gottes und die Fülle und Kraft des Heiligen Geistes uns durchströmen können.

5. Kapitel

Fragen zur Heilung

Heilt Jesus immer noch Menschen?
Möchte Gott jeden kranken Menschen heilen?
Sind manche kranke und körperbehinderte Menschen von Gott so gemacht worden, und will Er, daß sie krank bleiben?
Was heißt es, Glauben für meine Heilung zu haben? Was kann diesen Glauben verhindern?
Ist es falsch, zum Arzt zu gehen?
Wir leben in einer Zeit einer geistlichen Erneuerung unter vielen Christen und Gemeinden, dadurch wird auch die Tatsache wieder mehr betont und erlebt, daß Gott Kranke heilt. Viel ist über dieses Thema in der heutigen Zeit schon gesagt worden, und viele Fragen, einige davon habe ich hier aufgeführt, werden dazu gestellt.
Ich war nach meiner Erinnerung 19 Jahre alt, als ich das erste Mal mit göttlichen Heilungskräften in Berührung kam. Wir wohnten damals in Campbell, einer kleinen Stadt in Kalifornien. Mein Vater war der Pastor der dortigen Kirche. Es war ein warmer Frühlingsabend. Ich ging humpelnd vom Gottesdienst nach Hause, weil ich mir eine Sehnenzerrung zugezogen hatte.

Einige Monate vorher hatte ich eine neue Erfahrung mit Gott gemacht, als ich im Studierzimmer meines Vaters saß, ein Buch las und über Gott nachdachte. Plötzlich wurde ich mir der Gegenwart Gottes ganz klar bewußt. Zwar sah oder hörte ich nichts Besonderes, doch ich wurde mit Freude und Liebe erfüllt. Mit elf Jahren hatte ich Jesus als meinen Herrn und Erlöser angenommen; und es war jetzt die gleiche wunderbare Wärme, die mein Herz durchflutete, die ich damals verspürt hatte. Nach diesem Erlebnis war ich jeden Morgen früher aufgestanden als sonst und hatte im Gebet die Gegenwart Gottes gesucht.

Doch über die Frage, ob Gott immer noch Kranke heilt, hatte ich noch nicht nachgedacht. Aber als ich an jenem Abend humpelnd heimwärts ging, kam es mir plötzlich in den Sinn zu beten: „Herr, wenn Du wirklich hier bist, würdest Du dann bitte die Schmerzen aus meinem Fuß nehmen!" Sobald ich dies gesagt hatte, blieb ich stehen, weil eine seltsame aber angenehme Wärme von meinem Oberschenkel aus das ganze Bein hinunterzog bis zum Fuß. Die Schmerzen verschwanden sofort. Forschen Schrittes ging ich nun nach Hause, ohne auch noch die geringsten Schwierigkeiten zu spüren.

EIN TAUBES KIND GEHEILT

Es war 15 Jahre später, als ich wieder mit der Tatsache der göttlichen Heilung in direkte Berührung kam. Ich war zweiter Pastor einer großen Gemeinde in Südkalifornien. Eine Frau rief eines Tages bei mir an und sagte: „Ich möchte, daß mein Sohn am Sonntag getauft wird. Dabei habe ich aber noch eine besondere Bitte an Sie und die Gemeinde. Sie müssen wissen, daß mein Sohn völlig taub ist, Pastor Bennett. Als er einen Monat alt war, bekam er eine Infektion in beiden Ohren, die nicht richtig erkannt und behandelt wurde. Die Folge war diese Taubheit. Die Ärzte haben keine Hoffnung, daß er je wieder hören kann. Ich kann mich ihm nur verständlich machen, wenn ich ihn anrühre oder heftig auf den Fußboden stampfe; er spürt die Vibration des Bodens. Ich wage es nicht, ihn allein auf die Straße zu lassen."

Ich murmelte einige Worte des Mitgefühls, doch sie fuhr fort: „Wissen Sie, Pastor Bennett, der Herr hat mir gesagt, daß Christopher geheilt wird, wenn er getauft wird."

Jetzt war ich wirklich besorgt. Mir schien, die Frau hatte sich in etwas verrannt und konnte eine große Enttäuschung erleben. Wie würde es ihrem Glauben bekommen, wenn das Kind nicht geheilt werden würde, was höchstwahrscheinlich war? Ich versuchte sehr taktvoll und vorsichtig, sie von ihren Gedanken abzubringen, hatte aber keinen Erfolg. „Ich weiß, was Sie sagen wollen", unterbrach sie mich. „Ich erwarte auch nicht, daß Sie mir glauben. Ich bitte nur darum, daß Sie und die Gemeinde für meinen Jungen beten. Er wird dann geheilt werden. Gott hat mir das gesagt."

Da hatte ich's. Ich habe mich in den nächsten Tagen nicht besonders wohl gefühlt und war recht froh, als ich am Freitag eine leichte Erkältung bekam, so daß der erste Pastor an meiner Stelle am Sonntag den Taufgottesdienst übernahm. Ich berichtete ihm auch von der Angelegenheit mit dem tauben Jungen und daß die Mutter vom Pastor und der Gemeinde Gebet für seine Heilung erwartete. Dann ließ ich die ganze Sache in seinen Händen.

In der Mitte der nächsten Woche rief mich die Frau wieder an. „Pastor Bennett", begann sie, „ich wollte Ihnen nur sagen, daß ich mit Christopher bei einem Spezialisten war. Er reagierte auf die Hörversuche, die mit ihm gemacht wurden. Der Arzt meinte, er habe keine Erklärung für die ganze Angelegenheit, aber mein Sohn könne jetzt hören und würde nun bald große Fortschritte machen." Da hatte ich es.

MEIN INTERESSE WUCHS

Dieses Erlebnis vermehrte mein Interesse an den Fragen um die Krankenheilung durch göttliches Eingreifen. Ich suchte den Kontakt mit Menschen, die regelmäßig für Kranke beteten und las Bücher über dieses Thema. Einige Zeit später wurde ich Pastor einer Episkopal-Kirche. Dort stand man den Fragen des Gebets mit Kranken offener gegenüber und betete auch oft für diese. Ich durfte einige erstaunliche Krankenheilungen miterleben.

Dort kam ich auch in Verbindung mit einer Gruppe gläubiger Frauen, die eine Gebetsliste für kranke Menschen hatten, für die sie regelmäßig beteten. Mir schien die Sache zuerst ein wenig seltsam, doch ihre Gebete schienen oft erhört zu werden, so daß mein Interesse dadurch noch mehr angeregt wurde. Ich begann in unseren Gottesdiensten am Sonntag und am Donnerstag regelmäßig für Kranke zu beten und betete, wenn ich gefragt wurde, auch mit Kranken in ihren Häusern bzw. in Krankenhäusern. Ich glaube, daß ich im Laufe des ersten Jahres schon mit mehreren hundert Kranken betete.

Es geschah aber nicht allzuviel. Niemand sprang auf und warf demonstrativ seine Krücken fort. Doch ab und zu erlebten wir ganz klare Heilungen. Ich erinnere mich an ein langjähriges Gemeindeglied. Man hatte bei ihm Kehlkopfkrebs festgestellt. Sein Arzt, ein großartiger Spezialist, war ein Freund von mir und ein aufrichtiger Christ. Er rief mich an und sagte: „Dennis, Mort hat Kehlkopfkrebs. Ich muß ihn operieren und auch seine Stimmbänder entfernen. Er wird nicht mehr sprechen können. Kannst du mir nicht helfen, ihn seelisch darauf vorzubereiten?"

Am Sonntag im Gottesdienst rief ich die Ältesten und Mort nach vorn. Ich salbte ihn mit Öl, und wir beteten für ihn. Etwa eine Woche später rief mein Freund, der Arzt, an. Ihm war anzuhören, daß er nicht wußte, ob er lachen oder weinen sollte. „Ich finde keine Worte", sagte er. „Die Diagnose war eindeutig Krebs, doch als ich jetzt zu operieren begann, fand ich nur noch eine recht harmlose Infektion. Mort wird bald gesund sein."

Doch solche Heilungen waren selten. Gewiß, es war deshalb trotzdem wunderbar und ermutigend, wenn so etwas geschah. Ich schätze, wir erlebten etwa alle zwei Jahre eine Heilung, die einwandfrei auf ein Wunder zurückzuführen war. Bei Hunderten von Menschen, mit denen ich in dieser Zeit betete, nicht überwältigend. Doch diese wenigen Heilungen genügten, um mir zu zeigen, hier war ein Größerer am Werk.

HEILUNGEN IM NEUEN TESTAMENT

Jesus heilte viele kranke und behinderte Menschen. Er machte ihre Leiber gesund und befreite ihre Seelen von dämonischen Belastungen. Oft begann Er nicht damit, daß Er zu den Menschen redete, sondern Er heilte sie erst. Zum Beispiel sehen wir dies in Johannes 9, wo uns von einem Blinden berichtet wird. Ohne daß dieser gefragt hätte, ging Jesus zu ihm, bereitete aus Speichel und Staub einen Brei, den Er dem Blinden auf die Augen legte und ihm befahl, sich im Teiche Siloa zu waschen. Der Blinde tat es und konnte sehen.

Jesus heilte nicht nur selbst Kranke, sondern gab Seinen Jüngern auch die Kraft dazu. Er sandte sie durch das Land und sagte ihnen: ,,Heilt Kranke, weckt Tote auf, reinigt Aussätzige, treibt Dämonen aus. Umsonst habt ihr empfangen, umsonst gebt" (Matthäus 10, 8). ,,Heilt die Kranken ... und sprecht zu ihnen: Das Reich Gottes ist nahe zu euch gekommen" (Lukas 10, 9). ,,Er sandte sie, das Reich Gottes zu predigen und Kranke gesund zu machen" (Lukas 9, 2).

Es ist ganz klar, daß Er nicht erwartete, Seine Jünger würden damit aufhören, wenn Er die Erde verließ, sondern Er sagte ihnen ausdrücklich, daß sie damit fortfahren sollten. Er sagte: ,,Wer an Mich glaubt, der wird auch die Werke tun, die Ich tue, und wird größere als diese tun, weil Ich zum Vater gehe" (Johannes 14, 12). Er erklärte Seinen Jüngern, einer der Gründe, daß Er zurück in den Himmel gehe, sei, daß Er den Heiligen Geist in ganz neuer Weise zu ihnen senden wollte. Der Heilige Geist war schon jetzt bei ihnen (Johannes 14, 17; 16, 7), aber dann sollte Er sie mit Kraft erfüllen, damit sie Jesu Werk auf Erden fortsetzen konnten.

In der Apostelgeschichte sehen wir, daß die Jünger fortfuhren Teufel auszutreiben, Kranke zu heilen, Tote aufzuwecken. Bald nach dem 1. Pfingsttag verursachten Petrus und Johannes eine Sensation, als sie den lahmen Bettler an der Tempeltür heilten (Apostelgeschichte 3). Bald legte man die Kranken in Reihen auf die Straße, und sie wurden gesund, wenn nur Petrus' Schatten auf sie fiel, wenn er vorüberging (Apostelgeschichte 5, 15).

In Apostelgeschichte 8 sehen wir, wie Philippus nach Samaria geht. Obwohl die Samariter allem ablehnend gegenüberstanden, was von den Juden kam, hörten sie aufmerksam zu und viele bekehrten sich. Warum? Weil sie „zuhörten und die Zeichen sahen, die er tat" (8, 6.7).

HEILUNGEN IN DER KIRCHENGESCHICHTE

Manche lehren, diese Art der Krankenheilungen währten nur kurze Zeit und hörten auf, als die ursprünglichen zwölf Apostel starben. Andere behaupten, sie hörten auf, als die ganze Bibel vorhanden war. Schauen wir aber kurz in die Kirchengeschichte, erkennen wir, daß dies nicht stimmt. Immer wieder im Laufe der Geschichte der Christenheit wurden Menschen durch die Kraft Gottes geheilt. Hier einige Beispiele:

Irenäus, einer der Kirchenväter, schrieb um etwa 180 n. Chr.: „Solche, die in Wahrheit Seine Jünger sind, haben Gnade von Ihm empfangen, um in Seinem Namen Wunder zu tun... Andere heilen die Kranken, indem sie die Hände auf sie legen, daß sie gesund werden. Ja, noch mehr, wie ich schon sagte, sogar die Toten erstehen auf und verweilten noch für viele Jahre in unserer Mitte."

Im vierten Jahrhundert finden wir in der Apostolischen Konstitution Anweisungen für die Ordination der Presbyter. Die Bischöfe sollen mit ihnen beten, damit sie „erfüllt werden mit den Gaben der Heilung" (Apostolic Constitution, Buch 8).

Immer wieder finden wir dann im Laufe der Kirchengeschichte Berichte von Männern und Frauen, durch die Gott wunderbare Heilungen wirkte. So z. B. bei dem Heiligen Bernhard, bei Franz von Assisi, bei Catherina von Siena, bei Philipp Neri, Georg Fox, John Wesley und vielen anderen.

Martin Luther glaubte fest daran, daß Jesus immer noch die Gebete um Heilung erhört. In einem Brief vom 1. Juni 1545 schreibt er jemandem, der um Rat bittet, was mit einem Kranken geschehen soll. Luther sagt, mehrere sollten ihn besuchen, über ihm beten, ihm Gottes Verheißungen, die in der Bibel zu finden sind, hersagen und „wenn ihr geht, legt nochmals eure Hände auf den Mann und sagt: »Diese Zeichen sollen denen folgen, die glauben: Auf die Kranken sollen sie die Hände legen, und sie sollen gesund werden.« Tut dies dreimal", fährt Luther fort, „an drei Tagen hintereinander. In der Zwischenzeit soll von der Kanzel der Kirche öffentlich für ihn gebetet werden, bis Gott erhört..."

Die frühen Quäker berichteten von erlebten göttlichen Heilungen. Ebenso wissen wir von Wesley, daß er fest an die Heilung Kranker nach Gebet durch Gottes Kraft glaubte.

DIE PFINGSTERWECKUNG

Als die pfingstliche Erweckung am Anfang dieses Jahrhunderts begann, war eines ihrer deutlichsten Zeichen die Krankenheilung. Es gibt keine Möglichkeit, die Heilungen zu leugnen, die dabei geschahen. Hier soll nur der Name des englischen Predigers Smith Wigglesworth erwähnt werden. Er wurde das Werkzeug für ungezählte gewaltige Heilungen im Namen Jesu. (Siehe das Buch „Apostel des Glaubens", ebenfalls im Leuchter-Verlag erschienen.)

Manche lachten über Schwester Aimee vom Angelus-Tempel in Los Angeles, weil sie sagten, Aimee gebe sich zu auffällig. Doch es gibt keine Frage, daß sie als Werkzeug Gottes gebraucht wurde und ungezählte Tausende Heilung erlebten, wenn sie im Namen Jesu mit ihnen betete.

Um von meinen eigenen Erfahrungen weiter zu berichten: im Jahre 1959 machte ich eine neue Erfahrung mit dem Heiligen Geist und begann von da an, in der pfingstlichen Erweckung der historischen Kirchen, die man heute die charismatische Erneuerung nennt, mitzuarbeiten. Ich habe seither viele Heilungen miterlebt. Nicht nur, wenn ich für Menschen betete, sondern auch, wenn die Gläubigen füreinander beteten. Auch in meiner eigenen Gemeinde in Kalifornien, in der wir früher, wie ich schon berichtete, vielleicht alle zwei Jahre einmal eine klare Krankenheilung erlebten, waren solche Heilungen durch Gebet im Namen Jesu nunmehr an der Tagesordnung, seitdem unsere Glieder die Taufe im Heiligen Geist empfangen hatten.

Ich erlebte es in der eigenen Familie. Mein jüngerer Sohn wollte zu einer Geburtstagsfeier gehen. Doch er bekam kurz vorher beim Spielen im Garten etwas ins Auge. Obwohl meine Frau den Fremdkörper entfernen konnte, war sein Augapfel verletzt, und er lag mit großen Schmerzen im Bett. Kein Gedanke an die Geburtstagsfeier. Ganz spontan ging ich zu ihm, legte meine Hand auf seinen Kopf und betete leise; dann ging ich wieder in das Wohnzimmer. Wenige Augenblicke später kam meine Frau und berichtete, Konrads Auge sei in Ordnung. Im gleichen Augenblick kam er selbst und sagte, die Schmerzen hätten sofort aufgehört. Froh ging er zur Geburtstagsfeier.

Mir wurde immer deutlicher klar, daß meine eigene Erfahrung der Taufe mit dem Heiligen Geist auch etwas mit

Heilungen zu tun haben könnte. Ich hatte bis dahin die Verbindung zwischen dem Empfang der Geistestaufe und dem Wirken der Gaben des Heiligen Geistes noch nicht gesehen, und außer von Heilungen hatte ich sowieso wenig Ahnung von anderen Gaben des Geistes. Aber mein Wunsch war, immer enger mit Gott zu leben.

Ich habe schon oft erzählt, wie ich einige Wochen später eine ältere Frau, ein Gemeindeglied, besuchte, die seit vielen Jahren an Angina Pectoris und Rückgratverkrümmung litt und meistens im Bett liegen mußte. Sie sagte: ,,Ich habe gehört, was einige von euch in der Gemeinde erlebt haben, und ich glaube es. Wenn Sie mir die Hände auflegen, Pastor, und mit mir beten, werde auch ich geheilt werden.''

Ich tat es, obwohl ich nicht viel Glauben hatte. Doch sie hatte genug für uns beide. Gleich nachdem wir gebetet hatten, verließ ich sie, ohne zu warten, ob Gott etwas tat. Doch in der nächsten Woche kam sie und besuchte mich. ,,Sehen Sie, was ich tun kann'', sagte sie und hüpfte buchstäblich durch das Wohnzimmer. Ein Jahr später schrieb sie mir aus Seattle: ,,Ich bin jetzt 84 und werde manchmal ein wenig müde. Doch gestern abend hatte sich meine Nachbarin, die 72 Jahre alt ist, selbst aus ihrem Haus ausgeschlossen. Da bin ich durch ein Fenster hineingeklettert und habe ihr von innen wieder aufgemacht.''

Aber das geschah nicht nur, wenn ich betete. Unsere geisterfüllten Gläubigen beteten füreinander und wurden gesund. Warum nicht? Hatte Jesus denn nicht gesagt: ,,Diese Zeichen sollen denen folgen, die da glauben... Auf die Kranken werden sie die Hände legen und sie sollen gesund werden'' (Markus 16, 17.18)?

HEILUNG IM EVANGELIUM

Das Evangelium ist eine gute Botschaft, daß Gott die Welt heilen möchte. Gott beginnt damit, daß Er Seine Kinder nach Geist, Seele und Leib heilen will. Die beiden Wörter Heilung und heilig kommen aus der selben Wurzel und bedeuten „heil" machen. Jesus kam, um die Welt zurückzubringen zum „Heil".

Er bringt uns zurück zu geistlichem Heil, indem der Heilige Geist unseren menschlichen Geist wieder lebendig macht und uns in Gemeinschaft mit Gott bringt.

Er bringt uns zurück zu psychologischem oder Seelenheil, indem der Heilige Geist uns mehr und mehr die Gesinnung Jesu gibt.

Er bringt uns zurück zu physischem Heil, indem der Heilige Geist unseren Leib zu einem Tempel Gottes macht, in dem Er wohnt.

Jesus heilte die Menschen, denen Er begegnete, weil Er Mitleid mit ihnen hatte und sie gesund und frei und froh sehen wollte (Matthäus 9, 36; Markus 8, 2; Lukas 7, 13 und viele andere).

KRANKHEIT STÖRT UND HINDERT

Eine Krankheit hindert oft, was Gott tun möchte. Oft wird eine Menge frommer Unsinn über die „guten" Seiten der Krankheit geredet. Man versichert uns, daß dadurch der geistliche Charakter des Menschen tiefer entwickelt werde. Doch dies ist eine gefährliche Halbwahrheit. Emily Gardner Neal schreibt dazu einiges, was mir so treffend scheint, daß ich es hier wiedergeben will:

„So wie ich glaube, daß Gott im Grunde keine Krankheiten will, so bin ich auch überzeugt davon, daß Christen krank sein können. Aber deshalb sind Krankheit und Heiligkeit noch längst nicht voneinander abhängig. Durch meinen Kontakt mit vielen Kranken in den vergangenen Jahren habe ich gefunden, daß im allgemeinen, mit Ausnahmen natürlich, die Krankheit den Leidenden nicht heiliger macht, eher ist das Gegenteil der Fall. Gewiß, ich habe erlebt, daß körperliches Leiden nach Gott fragen ließ und den Geist freier machte, aber in der Mehrzahl der Fälle ist es umgekehrt. Schmerzen und Leiden bringen den Menschen dahin, daß er an fast nichts anderes mehr denken kann, als an Erleichterung. Die meisten von uns, wenn sie nur starke Zahnschmerzen bekommen, denken dann mehr daran, wie sie schnellstens den Zahnarzt erreichen, als an das Reich Gottes. Es ist auch leicht zu verstehen, daß jemand, der lange unter den Schmerzen leidet, die Krebs verursachen kann, seine Aufmerksamkeit mehr auf die nächste schmerzstillende Spritze richtet als auf Gott." Und wer wollte deshalb jemand tadeln oder verurteilen?

Meine eigene Mutter litt fast ihr ganzes Leben unter rheumatischer Arthritis. Sie konnte kaum gehen oder stehen und war nicht fähig, ihre Hände ganz zu öffnen oder ihre Arme oder Beine ganz zu strecken. Sie besiegte die Krankheit seelisch und geistlich und führte trotzdem ein produktives Leben. Es gibt keinen Zweifel, daß diese Leiden in ihr einen starken Charakter formten. Gott macht noch immer Gutes aus Bösem. Doch die Nachteile waren auch vorhanden. Sie konnte ihrem Mann nicht die Frau sein, die sie gern gewesen wäre und mir nicht so die Mutter, wie sie wollte. Sie liebte mich, konnte mich aber nicht auf den Arm nehmen und mit mir spielen, wie sie es gern getan hätte.

Auch meinem Vater konnte sie die Hilfe nicht sein, die sie ihm als Pastorenfrau gern gewesen wäre, und wie es von der Gemeinde eigentlich auch erwartet wurde. Sie war eine hochintelligente Frau. Die Menschen fanden sie sehr sympathisch und gewannen schnell Kontakt zu ihr. Doch es war ihr ihrer Krankheit wegen kaum möglich, in der Gemeinde etwas zu tun. Statt dessen mußte mein Vater einen Teil seiner Zeit noch verwenden, ihr zu helfen und sie zu pflegen. Deshalb blieb mein Vater auch Zeit seines Lebens in einer kleineren Gemeinde, obwohl er ein hochbegabter Mann und ein ausgezeichneter Prediger war.

Hat nun Gott die Krankheit meiner Mutter geplant und beabsichtigt und so gleichzeitig bewirkt, daß mein Vater sich in seinem Dienst für Jesus nicht so entfalten konnte, wie es seinen Begabungen nach möglich gewesen wäre? Ich glaube das ganz bestimmt nicht. Nehmen wir einmal an, Jesus wäre sichtbar wie zur Zeit Seines Erdenlebens zu Besuch in unser Haus gekommen, dann würde Er meine Mutter sicher sofort gesund gemacht haben. Welch ein Fest hätten wir gefeiert, und wie ganz anders wäre unser Familienleben von da an verlaufen. Gott möchte Menschen frei machen von Behinderungen und Krankheiten, damit sie Ihm besser folgen und dienen können.

Die Ansicht, daß Kinder Gottes durch Krankheiten Nutzen haben ist sehr stark aus dem recht unbiblischen Bild, das man sich von dem Apostel Paulus macht, gefördert worden. Man meint häufig, Paulus sei ein chronisch kranker Mann gewesen, der sich durch Kleinasien und Europa geschleppt habe, immer wieder aufgepäppelt mit Pülverchen und Pillen aus dem kleinen Medizinkasten, den Doktor Lukas mit sich herumtrug. Doch wie soll man all die Berichte von Paulus' Reisen verstehen, wenn man sich vor Augen hält wie man damals reiste, wenn man annimmt, Paulus sei ein chronischer Invalide gewesen. So schreibt er von sich: „In Mühen um so mehr, in Gefängnissen um so mehr, in Schlägen übermäßig, in Todesgefahren oft. Von den Juden habe ich fünfmal vierzig Streiche weniger einen bekommen. Dreimal bin ich mit Ruten geschlagen, einmal gesteinigt worden; dreimal habe ich Schiffbruch erlitten; einen Tag und eine Nacht habe ich in Seenot zugebracht; oft auf Reisen, in Gefahren..., in Mühe und Beschwerde, in Wachen oft, in Hunger und Durst, in Fasten oft, in Kälte und Blöße" (2. Korinther 11, 23—28). Kann dies ein Kranker bewältigen?

Natürlich, da ist der „Dorn im Fleisch", von dem Paulus

redet. Oft, wenn kranke Menschen mir sagen, sie hätten auch einen „Dorn im Fleisch" wie Paulus, bin ich versucht zu antworten: „Wie interessant; dann kannst du mir sicher auch von den hohen Offenbarungen berichten, die Gott dir geschenkt hat. Durftest du auch bis in den dritten Himmel gelangen?" Denn Paulus erwähnt ja ausdrücklich, diese Offenbarungen seien der Grund für den „Dorn im Fleisch" gewesen, ein Satansengel, der ihn mit Fäusten schlug. Doch Gott ließ den „Dorn" zu, damit Paulus sich immer an seine Schwachheit erinnerte und nicht vergaß, daß er ohne Christus nichts tun konnte. Außerdem wollen wir nicht vergessen, daß es ein „Dorn" war, der sicherlich lästig und störend wirkte; aber es war kein Schwert, das ihn durchbohrte und hätte hindern oder gar aufhalten können. Sonst hört man sehr oft, daß Männer und Frauen, die mit ganzer Kraft Jesus Christus dienen, bis in ihr hohes Alter gesund bleiben und ohne lange Krankheit abgerufen werden.

John Wesley war einer der größten Glaubensmänner Englands. Er wurde 88 Jahre alt und blieb bis zuletzt stark und lebendig. Er war nicht sehr oft krank gewesen in seinem Leben, obwohl er auf seinen vielen Reisen Strapazen, Wind und Wetter ausgesetzt war, die uns heute kaum vorstellbar sind (Paulus hätte ihn da besser verstanden). In sein Tagebuch schrieb Wesley am 28. Juni 1784: „Heute beginne ich mein 82. Lebensjahr und bin immer noch so kräftig wie vor 40 Jahren..." (Tagebuch John Wesleys, Seite 391).

Smith Wigglesworth, ein Glaubensheld der Pfingsterweckung in England, den wir schon erwähnten, wurde 87 Jahre alt. Er starb, ohne vorher krank zu sein, als er an der Beerdigung eines alten Freundes teilnahm. In seinen jungen Jahren hatte er eine heftige Blinddarmentzündung. Die Ärzte meinten, die Entzündung sei schon zu weit fortgeschritten und eine Operation deshalb nicht mehr möglich. Doch zwei seiner Freunde beteten mit ihm, danach ging er sofort wieder an seine Arbeit. Er war Klempner von Beruf. Als der Arzt nach ihm sehen wollte, sagte Frau Wigglesworth: „Mein

Mann ist zur Arbeit gegangen." Der Arzt rief entsetzt: „Sie werden ihn als Leiche heimbringen, so wahr ich lebe!" Wenn Wigglesworth später diese Geschichte erzählte, fügte er gewöhnlich hinzu: „Also, ihr seht die Leiche vor euch." Noch einige Male wurde er von Krankheiten angefochten. Doch er betete immer vertrauensvoll zum Herrn und wurde jedesmal geheilt. (Smith Wigglesworth — Apostel des Glaubens.)

Geistliches, seelisches und physisches Wohlbefinden hängen normalerweise zusammen. Paulus sagt, daß Gott unsere Sinne erneuern will (Römer 12, 2). Jesaja erklärt, alle, die auf den Herrn schauen, gewinnen neue Kraft, daß sie fliegen können wie Adler, laufen ohne zu ermatten, und gehen und werden nicht müde (Jesaja 40, 31).

Krankenheilungen durch Jesus sind Zeichen dafür, daß das Reich Gottes zu uns gekommen ist. Es heißt nicht, das „Reich Gottes kommt bald", sondern es „ist in unserer Mitte". Jesus sagt: „Wenn Ich aber durch den Finger Gottes die Dämonen austreibe, so ist also das Reich Gottes zu euch gekommen" (Lukas 11, 20).

Johannes der Täufer hatte den Menschen Jesus als das Lamm Gottes gezeigt. Kurze Zeit später wurde er ins Gefängnis geworfen. Dort begann er sich offensichtlich zu fragen, ob er sich in Jesus geirrt hatte. Wenn Er der Messias war, warum richtete Jesus dann Sein Königreich nicht auf? Warum mußte er, Johannes, noch im Gefängnis sitzen? Also sandte er einige Freunde zu Jesus und ließ fragen: „Bist Du der Kommende, oder sollen wir auf einen anderen warten?" Jesus antwortete: „Geht hin und verkündet Johannes, was ihr hört und seht: Blinde werden sehend, und Lahme gehen, Aussätzige werden gereinigt, und Taube hören, und Tote werden auferweckt..." (Matthäus 11, 2—6). Diese Dinge also waren es, die bewiesen, daß Jesus der Sohn Gottes, der Erlöser der Welt war.

Sicher haben Sie die Leute schon sagen hören: „Aber wir sollen nicht nach Zeichen schauen. Wir sollen glauben, ohne Zeichen zu sehen." Hat Jesus dies auch so gesagt? Nicht ganz.

Er sagte: „Ein böses und ehebrecherisches Geschlecht verlangt nach Zeichen, und kein Zeichen wird ihm gegeben werden als nur das Zeichen Jonas" (Matthäus 16, 4). Zu wem redete Jesus hier? Zu den Pharisäern und Sadduzäern. Ihnen Zeichen zu geben hatte keinen Sinn, denn sie würden in jedem Falle nicht glauben. Doch allen, die bereit waren zu glauben, gab Jesus Zeichen. Menschen wie Johannes der Täufer, die an Gott glaubten und Ihn liebten, aber eine extra Bestätigung benötigten, bekamen Zeichen. Und solchen, die schon glaubten, waren die Zeichen eine Hilfe zu vermehrtem Glauben.

Gott weigert sich nicht, uns Zeichen zu geben, um unserem Glauben zu helfen. „Herr, ich glaube, hilf meinem Unglauben", ist ein Gebet, das Gott erhört (Markus 9, 24).

Dinge, wie Heilungen durch ein Wunder Gottes, überzeugen Menschen nicht, die sich vorgenommen haben, nicht zu glauben. Ich beobachtete einmal einen mir bekannten Arzt, der demonstrativ den Raum verließ, weil er wußte, jemand würde jetzt ein klares Zeugnis einer unbestreitbaren Heilung durch ein Wunder Gottes geben. Da der Arzt nicht glaubte und nicht überzeugt werden wollte, verließ er den Raum. (Einige Zeit später fand der Herr ihn trotzdem. Heute betet er für und mit seinen Patienten.) Jemand, der nicht bereit ist zu glauben, kann jede Heilung hinwegerklären. Man hatte eben vorher die „falsche Diagnose" gestellt oder es war eine „spontane Gesundung" oder etwas ähnliches.

Bedeuten diese Ausführungen nun, daß Gott jeden Menschen heilen will? Manche sagen: Nein, Gott heilt nicht jeden, außerdem macht Er manchmal auch selbst Menschen krank oder sorgt dafür, daß sie krank bleiben, damit sie geistlich wachsen oder nach Ihm fragen oder für andere Zwecke, die wir nicht verstehen können.

Das Beste, was wir tun können um zu erkennen, was Gott tun würde, ist zu fragen, was würde Jesus tun. Jesus sagte, Er sei wie der Vater. Er sagt: „Wer Mich gesehen hat, hat den Vater gesehen" (Johannes 14, 9). In Johannes 5, 19 erklärt Jesus: „Wahrlich, Ich sage euch: Der Sohn kann nichts von sich selbst tun, außer was Er den Vater tun sieht; denn was der tut, das tut ebenso auch der Sohn." Geht es noch klarer? Wenn wir wissen möchten, was der Vater tun würde, können wir auf das schauen, was Jesus tut. Wir wollen einen Blick darauf werfen.

WAS TAT JESUS?

Wir wollen uns einen kurzen Überblick über das Tun Jesu verschaffen, indem wir die Kapitel Matthäus 8—15 einmal näher betrachten.

Sobald Jesus Seine große Rede, die wir die „Bergpredigt" nennen, beendet hatte, kam ein Aussätziger zu Ihm und rief: „Herr, wenn Du willst, kannst Du mich reinigen." Jesus antwortete: „Ich will. Sei gereinigt!" (Matthäus 8, 1—4). In den nächsten Versen lesen wir, wie Jesus nach Kapernaum zurückkehrte. Dort trat ein römischer Offizier zu Ihm und bat Ihn, seinen Diener gesund zu machen. Auch hier antwortet Jesus ohne Zögern: „Ich will kommen und ihn heilen." Der Offizier ist überrascht, weil Jesus bereit ist, in sein Haus zu kommen und antwortet: „Herr, soviel Mühe will ich Dir doch gar nicht machen. Ich weiß, daß Du nur ein Wort zu sagen brauchst, und mein Diener wird gesund." Jesus tat dies. (Matthäus 8, 5—13.) Ohne Pause berichtet Matthäus weiter, daß Jesus dann in Petrus' Haus ging. Dort fand Er dessen Schwiegermutter mit hohem Fieber im Bett. Er rührte sie an, und sie wurde sofort gesund (Matthäus 8, 14.15).

Matthäus fährt ohne Unterbrechung fort: „Als es Abend geworden war, brachten sie viele Besessene zu Ihm; und Er trieb die Geister aus mit einem Wort, und Er heilte alle Leidenden." Der nächste Vers erklärt, warum: „Damit erfüllt würde, was durch den Propheten Jesaja geredet ist, der spricht: »Er selbst nahm unsere Schwachheiten und trug unsere Krankheiten«" (Matthäus 8, 16.17).

Und so geht es weiter. Jesus tut ein Wunder nach dem anderen. In Matthäus 9 heilt Er einen gelähmten Mann. Während Er dann unterwegs ist, um im Hause des Jairus dessen Tochter von den Toten aufzuerwecken, rührt ihn auf der Straße eine Frau an, die blutflüssig ist. Sie wird auf der Stelle gesund. Nachdem er das Mädchen von den Toten erweckt hat, macht Er zwei Blinde sehend und treibt anschließend aus einem Stummen einen Dämon aus, der das Stummsein verursacht hatte (Matthäus 9, 1—34).

Matthäus berichtet weiter: „Und Jesus zog umher durch *alle* Städte und Dörfer und lehrte in ihren Synagogen und predigte das Evangelium des Reiches und heilte *jede* Krankheit und *jedes* Gebrechen (V. 35).

Kapitel 10 beginnt mit einer Erweiterung des Bisherigen. Es berichtet, wie Jesus Seine 12 Jünger zu sich rief und „ihnen Vollmacht gab über unreine Geister, sie auszutreiben und *jede* Krankheit und *jedes* Gebrechen zu heilen" (V. 1). Und in Vers 8 sagt Er zu ihnen: „Heilt Kranke, weckt Tote auf, reinigt Aussätzige, treibt Dämonen aus. Umsonst habt ihr empfangen, umsonst gebt!" Also nicht nur Jesus heilte alle, die zu Ihm kamen, sondern Er gab Seinen Jüngern Macht, das gleiche zu tun.

In Kapitel 11 finden wir die schon besprochene Begebenheit, wie Jesus eine Botschaft an Johannes den Täufer sendet und seine Taten als Beweis anbietet, daß Er der Messias ist. In Kapitel 12 heilt Er einen Mann, der eine verdorrte Hand hat. Die Pharisäer sind wütend darüber, weil dies am Sabbat geschah. Doch Matthäus berichtet weiter: „Jesus entwich von dort; und es folgte Ihm eine große Volksmenge, und Er heilte sie alle" (V. 15).

In den folgenden Versen heilt Jesus einen Besessenen und betont, als dabei wieder Streit mit den Pharisäern entsteht, daß Er all diese Wunder durch die Kraft des Heiligen Geistes tut (V. 22—30).

In Kapitel 13 wendet sich Jesus wieder der Lehre zu und erzählt viele Gleichnisse. In Kapitel 14 lesen wir dann: „Und als Jesus ausstieg (aus dem Schiff), sah Er eine große Volksmenge; und Er wurde innerlich bewegt über sie und heilte ihre Kranken" (V. 14). Und ein Stück weiter im gleichen Kapitel finden wir: „Als die Männer jenes Ortes Jesus erkannten, schickten sie in jene ganze Umgebung und brachten alle Leidenden zu Ihm; und sie baten Ihn, daß sie nur die Quasten Seines Kleides anrühren dürften; und alle, die Ihn anrührten, wurden völlig geheilt" (V. 35 + 36).

Endlich, im 15. Kapitel, heilt Jesus die Tochter einer kanaanäischen Frau (V. 21—28), und dann kommt eine großartige Zusammenfassung: „Und eine große Volksmenge kam zu Ihm, die Lahme, Blinde, Stumme, Krüppel und viele andere bei sich hatte, und sie warfen sie Ihm zu Füßen; und Er heilte sie, so daß die Volksmenge sich verwunderte, als sie sahen, daß Stumme redeten, Krüppel gesund wurden, Lahme gingen und Blinde sahen; und sie verherrlichten den Gott Israels" (V. 30 + 31).

Möchte Gott alle Kranken heilen? Es scheint in der Bibel keinen Grund zu geben, etwas anderes zu glauben. Haben Sie je gelesen, daß Jesus jemand krank gemacht oder ihm gesagt hätte, er müsse krank bleiben? Nicht einmal der Tod konnte Ihn aufhalten. Wir lesen von drei Beispielen, wo Jesus Menschen begegnete, die gestorben waren, und Er weckte sie alle von den Toten auf.

An diesem Punkt werden wohl einige sagen: „Aber sterben müssen wir doch einmal." Das stimmt, es sei denn, wir leben noch, wenn Jesus wiederkommt. Aber vergessen Sie bitte nicht, daß der Tod trotzdem ein Feind ist. Der Tod ist durch die Sünde in die Welt gekommen, nicht durch Gott. Gott wird uns einmal der Macht des Todes entreißen. Paulus jubelt: „Verschlungen ist der Tod in den Sieg. Wo ist, o Tod, dein Sieg? Wo ist, o Tod, dein Stachel? Der Stachel des Todes aber ist die Sünde... Gott aber sei Dank, der uns den Sieg gibt durch unseren Herrn Jesus Christus" (1. Korinther 15, 54—57).

Wenn ich gebeten werde, für ältere Menschen zu beten,

so bete ich auch um ihre Heilung, obwohl ich nicht unbedingt erwarte, daß sie noch lange zu leben haben. Aber man muß ja nicht krank sein, wenn die Stunde des Sterbens gekommen ist. Alte Menschen sterben oft ganz überraschend — ohne Schmerzen, ohne Krankheit; vielleicht im Schlafe oder so ähnlich. Manche, vor allem treue Gläubige, scheinen zu ahnen, wann ihre Zeit gekommen ist. Sie verabschieden sich von ihren Angehörigen, gehen ins Bett und sterben getrost.

Beachten Sie bitte auch: Ich sage nicht, daß Gott jeden Menschen heilt, aber Er ist bereit jeden zu heilen. Jesus mußte viele ungeheilt lassen. Am Teich von Bethesda, wo viele Kranke lagen, konnte Jesus nur einen heilen (Johannes 5, 1—16). Alle anderen richteten ihre ganze Hoffnung nur auf das Wasser. Sie hatten kein Interesse an Jesus. Es war Jesus nicht möglich Menschen zu heilen, die nicht glaubten oder Seine Hilfe nicht wünschten. Er hatte da große Schwierigkeiten in Nazareth, Seiner Heimatstadt (Lukas 4, 16—30).

Außerdem hatte Jesus, als Er auf Erden war, den klaren Auftrag, sich an das Volk Israel zu wenden. Deshalb ging Er nicht zu den anderen Völkern und tat dort keine Wunder. Erst nach Seiner Auferstehung, nachdem Israel Ihn verworfen hatte, ging die Verheißung auf die Gemeinde Jesu Christi über. Deshalb sagt Jesus dann zu Seinen Jüngern: Geht in alle Welt und predigt allen das Evangelium. Heilt die Kranken, und weckt die Toten auf. Jesus hat uns durch den Heiligen Geist Kraft gegeben, dieses Werk auszuführen. Auch das Werk der Heilung, das Er begonnen hat.

GOTT HAT ES VERHEISSEN

Wir sollten niemals Dinge von Gott fordern. Manche Christen benehmen sich Gott gegenüber ziemlich ungezogen und anmaßend und behaupten dann auch noch, es sei besonders großer Glaube. Doch bedenken Sie andererseits einmal, was

Sie tun, wenn Ihr irdischer Vater Ihnen etwas versprochen hat. Es wäre doch keinesfalls ungezogen, wenn Sie ihn mit allem Respekt darum bitten, Sein Wort einzulösen, und wenn Sie ihn solange daran erinnern, bis er es tut. Jesus ermuntert: ,,Bittet, und es wird euch gegeben werden... Denn jeder Bittende empfängt" (Lukas 11, 9.10). Dreimal sagt Er, wenn wir von dem Vater etwas in Seinem Namen erbitten, so will Er es uns geben (Johannes 14, 13.14; 16, 23). Und Er sagt: ,,Wenn ihr in Mir bleibt und Meine Worte in euch bleiben, so werdet ihr bitten, was ihr wollt, und es wird euch geschehen" (Johannes 15, 7).

6. Kapitel

Wie können wir Heilung empfangen?

Oft scheint es, als sei göttliche Heilung sehr sprunghaft und eine launische Sache. Ein treuer Christ mag für Monate fasten und beten und dann eine weite Reise machen zur Versammlung eines berühmten Heilungs-Evangelisten und wird doch nicht geheilt. Aber ein Betrunkener stolpert schwankend in dieselbe Versammlung, weiß gar nicht recht, worum es sich handelt, und wird sofort geheilt. Eine Bekannte von uns hatte Kinderlähmung, so daß sie von Kind an nur mit Krücken und in einem Korsett gehen konnte. Außerdem hatte sie einen entzündeten Fußballen, der sie sehr schmerzte. In einer Versammlung ließ sie für sich beten, um geheilt zu werden. Der entzündete Fußballen verschwand, aber die Kinderlähmung nicht. Warum heilte Gott den Ballen, ließ sie aber gelähmt?

Vielleicht sind Sie enttäuscht, weil ein Ihnen lieber Verwandter oder Bekannter nicht geheilt wird, obwohl Sie wissen, er oder sie liebt Gott wirklich und vertraut Ihm. Wenn Gott jeden heilen möchte, warum wird nicht jeder, der darum bittet, geheilt?

Einige sagen: „Gott tut eben, wie es Ihm gefällt. Er muß uns nicht erklären, warum Er unsere Gebete manchmal erhört und manchmal nicht." Gut — das stimmt! Gott ist Gott und kann tun wie Er will. Doch die Bibel sagt, daß Er nicht heute so und morgen anders ist. Jakobus sagt, bei Ihm ist keine Veränderung noch ein Wechseln zum Schatten (Jakobus 1, 17). Gott wird in der Bibel als Fels bezeichnet. Felsen wanken nicht. Man kann auf sie bauen, weil sie fest stehen. Wenn es schon Schwankungen und Verschiedenheiten gibt, ist die Wahrscheinlichkeit viel größer, daß sie auf unserer Seite liegen, nicht bei Gott.

IST ES, WAS ICH SAGE?

Fanden wir keine Erhörung, weil wir nicht die rechten Worte gebrauchten, als wir beteten? Wir beteten zu Jesus oder zu dem Heiligen Geist, anstatt im Namen Jesu zum Vater zu beten? Ein Mann erzählte mir einmal, er habe ein Experiment gemacht. Er betete für einen anderen Mann, der Arthritis in beiden Beinen hatte. Für das eine Bein bat er Jesus, es zu heilen. Für das andere Bein betete er im Namen Jesu zum Vater. Er behauptete, dieses Bein sei geheilt worden, und das andere nicht.

Die richtige Weise ist, daß wir im Namen Jesu und in der Kraft des Heiligen Geistes zum Vater beten. Doch ich glaube nicht, daß Gott uns deshalb nicht erhört, weil wir uns nicht ganz korrekt ausgedrückt haben. Gott ist nicht wie ein Komputer, der nur auf bestimmte Worte oder Kommandos reagiert, die man richtig aussprechen muß, um das entsprechende Ergebnis zu erzielen. Gott ist ein liebender und verständnisvoller Vater, der unsere Herzen kennt und weiß, was wir gemeint haben und der uns Gutes tun will.

Manche sagen, alles hänge von unserem „Bekenntnis" ab. Wir sollen das haben, was wir sagen, daß wir es haben. Von der psychologischen Seite her steckt da einige Wahrheit drin. Ich verachte das sogenannte „positive Denken" nicht, da es helfen kann, uns mehr für Jesus zu öffnen, damit es Ihm möglich ist, uns zu heilen. Jesus selbst sagt: „Habt Glauben an Gott. Wahrlich, Ich sage euch: Wer zu diesem Berg sagen wird: Hebe dich empor und wirf dich ins Meer! und nicht zweifeln wird in seinem Herzen, sondern glauben, daß geschieht, was er sagt, dem wird es werden" (Markus 11, 22.23). Ich kann jene, die da lehren, wir sollten ein „positives Bekenntnis" geben, gut verstehen, denn es ist sicherlich biblisch. Nur darf man es nicht übertreiben und davon alles erwarten. Wir sollten sorgfältig beachten, daß das Schwergewicht bei dem vorstehenden Wort Jesu auf der Aufforderung liegt: „Habt Glauben an Gott", nicht, „macht ein positives Bekenntnis". Eigentlich müßte die noch genauere Übersetzung lauten: „Habt den Glauben Gottes." Es sind nicht die Worte, die ich sage, in denen die Kraft liegt, sondern die Worte, die ich durch den „Glauben Gottes" sage, der in mir ist.

Worte sind wichtig, denn sie können schöpferisch und machtvoll sein, wenn sie im Glauben gebraucht werden, sonst kann ein „positives Bekenntnis" oder selbst der Gebrauch des Namens Jesu ein Aufsagen von Phrasen werden. Den Namen Jesu ohne den rechten Glauben gebrauchen bedeutet unter Umständen, sich in Schwierigkeiten zu bringen, so wie es den sieben Söhnen des Skevas ging, die versuchten, durch den Gebrauch des Namens Jesu Dämonen auszutreiben (Apostelgeschichte 19, 14). Trotzdem hat Jesus uns darauf hingewiesen, daß Himmel und Hölle aufmerksam werden, wenn wir Seinen Namen in der rechten Weise im Glauben Gottes gebrauchen.

IST ES MANGEL AN GLAUBEN?

Jesus sagte oft Dinge wie: „Dir geschehe nach deinem Glauben", oder „dein Glaube hat dich gesund gemacht", oder „alle Dinge sind dem möglich, der da glaubt".

Ist es also einfach Mangel an Glauben, wenn Menschen nicht geheilt werden? Dies ist eine delikate Frage, die sehr bedachtsam behandelt werden muß, denn jede Antwort kann leicht schmerzliche Mißverständnisse erzeugen. Wie kann ich es wagen, von einem ernsten und Gott von Herzen liebenden Christen, der treu Jesus nachfolgt, zu sagen, „er wird nicht geheilt, weil er keinen Glauben hat"? Andererseits sagt Gott in Seinem Wort klar, daß Er die Kranken heilen will. Jesus sagt, wer immer bittet, empfängt auch. Wenn also jemand bittet und empfängt nicht, muß ich entweder sagen, Gott hält Sein Wort nicht oder irgend etwas von menschlicher Seite ist hindernd im Wege. Ganz gleich, wie treu und Gott hingegeben der Mensch ist, der um etwas bittet, würde ich trotzdem das Hindernis lieber auf der menschlichen Seite suchen, als Gott zu beschuldigen, Er sei unzuverlässig.

Wenn Sie Ihr Radio oder den Fernseher einschalten und schlechten Empfang haben, rufen Sie doch auch nicht als erstes den Sender an und beklagen sich dort, daß einiges mit deren Sendeanlagen nicht in Ordnung sei, sondern Sie versuchen zunächst, Ihren Apparat besser einzustellen, und wenn das nicht hilft, rufen Sie den Kundendienst. Denn in Ihrem Empfänger steckt das Problem, nicht im Sender.

Manchmal scheint es, als glaubten wir, Gott sei weniger zuverlässig als die Rundfunk- oder Fernsehstation. Sieht es so aus, als würden wir nicht bekommen, worum wir bitten, sagen wir: „Irgend etwas ist mit Gott nicht in Ordnung. Er gibt mir nicht, was Er versprochen hat." Sollte doch jemand wagen anzudeuten, der Fehler könnte vielleicht auch bei uns liegen, sind wir beleidigt. Wenn in meinem Leben einmal die Verheißungen Gottes nicht in Erfüllung gehen, beginne ich das Problem immer auf meiner Seite zu suchen. Entweder bin ich nicht offen, um zu empfangen wofür ich bete, oder es steht etwas im Wege. Ich will nicht beginnen, an Gottes Bereitschaft zu zweifeln, sondern will anhalten im Glauben zu beten.

Pauline Harthern erzählte einmal ein treffendes Beispiel:

Während einer Evangelisation in England wurde jeden Abend ein Mann im Rollstuhl hereingefahren. Er war bei einem Bergwerksunglück verletzt worden und mußte schon seit 14 Jahren ein komplettes Stahlkorsett tragen. Er war ein treuer Christ und hatte schon, ehe die Evangelisation begann, für seine Heilung während dieser Zeit gebetet und geglaubt. Viele wurden während der Abende geheilt, darunter auch seine Frau. Der Mann erlebte die Heilungen mit und sagte immer: „Ich glaube! Ich glaube!" Er bat seine Freunde, ihm aus dem Rollstuhl aufzuhelfen, konnte dann aber doch nicht stehen. Pauline schreibt weiter: „Immer wieder wurden Leute geheilt, nur dieser Mann nicht. Ich fragte mich, warum?"

Der Mann besuchte jeden Abend die Versammlungen. An einem Abend sprach Pauline Harthern über Vergebung — wir müssen anderen vergeben, wir müssen uns selbst vergeben und wir müssen die Vergebung Gottes für uns annehmen. Ich erzählte einige Beispiele, welch wunderbare Dinge ich immer wieder erlebt hatte, wenn Menschen bereit waren zu vergeben. Am Ende der Versammlung rief ich zum Gebet auf. Ich forderte die Menschen auf, gerade jetzt in ihren Herzen zu vergeben, wenn sie noch alten Groll festgehalten hatten, und dann Gottes Vergebung zu empfangen. Plötzlich gab es Unruhe. Der Mann war aus seinem Rollstuhl aufgestanden und kam ganz steif, weil er ja das Stahlkorsett trug, den Gang heruntergelaufen. Vor der Kanzel kniete er nieder und hob beide Arme zum Himmel.

Nach dem Gottesdienst fragte ich ihn, was genau geschehen war. Er erzählte: „Während Sie von Vergebung sprachen, akzeptierte ich die Botschaft und vergab allen, denen ich im Herzen noch grollte. Plötzlich durchflutete mich eine ungeheure Hitze, die für mehrere Minuten anhielt. Ich war in Schweiß gebadet. Sofort wußte ich, daß der Herr mich geheilt hatte."

Ich habe dieses Beispiel in voller Länge wiedergegeben, weil es deutlich zeigt, was ich meine. Der Mann war ein guter Christ und achtete seine Freunde und Nachbarn. Es wäre töricht gewesen, von ihm zu sagen, er habe keinen Glauben. Er wußte nicht, was Gott hinderte, in seinem Leben zu wirken, bis er die Predigt über Vergebung hörte und erkannte, daß auch er noch anderen Menschen vergeben mußte. Das Hindernis war zerbrochen. Er wurde geheilt.

Wir sehen klar, es war nicht Gott, der diesem Mann die Heilung vorenthalten wollte, sondern es war ein Hindernis auf der Seite dieses Mannes, das ihm verwehrte, die Heilung zu empfangen. Einen alten Groll, den man schon lange mit sich herumträgt, kann man ganz schnell ins Unterbewußtsein verdrängen, und doch ist er vorhanden und hindert uns, die Segnungen Gottes zu empfangen.

Wir sollten auch nicht sagen, jemand habe „nicht genug Glauben". Glaube ist nicht etwas, von dem man die Menge mißt. Entweder man hat Glauben, oder man hat keinen. Man kann nicht ein klein wenig vertrauen. Entweder man vertraut jemand, oder man traut ihm eben nicht. Wenn Ihr Glaube zögernd ist, ist es halt kein Glaube. Deshalb deutete der Herr auf das Senfkorn, als die Jünger Ihn baten, Er solle „ihren Glauben mehren" (Lukas 17, 5.6). Er wollte damit nicht sagen, daß ein so kleiner Glaube auch schon genüge, sondern: Selbst wenn ihr nur so klein seid wie ein Senfkorn, könnt ihr mächtige Dinge tun, wenn ihr Glauben habt.

Haben wir also nicht genug Glauben an unsere Heilung gehabt, wenn nichts geschieht? Nein, so ist es nicht. Wir reden hier ja nicht über „Glaubensheilung", sondern über Heilung durch Gott. „Glaubensheilung" ist psychologisch. Dabei kann durch bloße Willenskraft oder manchmal auch durch Suggestion eine gewisse körperliche Veränderung oder manchmal auch eine völlige Heilung erzielt werden. Aber das ist nicht unser Thema. Wir rechnen mit dem Eingreifen Gottes.

In Matthäus 9, 27—30 kamen zwei Blinde zu Jesus und baten um Heilung. Er fragte sie: „Glaubt ihr, daß Ich dies tun kann?" Sie antworteten: „Ja, Herr." Daraufhin rührte Er ihre Augen an und heilte sie. Wir sehen hier also, daß Jesus nicht nur fragt, ob sie an Ihn glauben, sondern ob Er sie heilen könne. Dies ist der Glaube, auf den es ankommt. Es ist der aktive Glaube für hier und jetzt, der bereit ist zu ergreifen, was Jesus durch Sein Wort anbietet.

Ich sagte oben, man kann nicht etwas Glauben haben, entweder ich vertraue oder nicht. Aber man kann für eine Sache Glauben haben, und für eine andere nicht. Ich kann einem Menschen vertrauen, während ich einem anderen mißtraue. Oder ich kann zu einer bestimmten Stunde Glauben haben, zu einer anderen Zeit wieder habe ich keinen. Im „Glauben zu wachsen" heißt, beständiger zu werden im Glauben und zu lernen, in allen Lagen und zu jeder Zeit zu vertrauen. Mir fällt es zum Beispiel wesentlich leichter an Heilung zu glauben, wenn ich eine Erkältung habe, die mir Schnupfen und Kopfschmerzen bereitet, als bei einer Erkältung, die meine Brust in Mitleidenschaft zieht. Warum? Vielleicht habe ich mehr Angst vor dieser Art Erkältung.

Durch Glauben können wir Heilung für alle drei Gebiete unserer Persönlichkeit erlangen, für Geist, Seele und Leib. Es ist recht einfach, für die Heilung unseres Geistes zu vertrauen. Wenn wir Jesus im Glauben annehmen, macht der Heilige Geist Wohnung in unserem Geist und heilt ihn.

Dann beginnt der Herr mit dem Prozeß der Heilung unserer Seele, also dem psychologischen Teil unserer Persönlichkeit: unseren Gefühlen, dem Willen und dem Verstand. Die Theologen sagen dazu „Heiligung". Dies ist ein lebenslanger Prozeß, der aber sehr beschleunigt und vertieft werden kann durch die Taufe im Heiligen Geist, von der Jesus in Apostelgeschichte 1, 4.5 gebietet, daß jeder Christ sie empfangen sollte. Wir benötigen dabei oft noch besondere Gebetshilfe für „innere Heilung", damit es dem Heiligen Geist gelingt, in allen Gebieten unseres Lebens zu wirken. Jedenfalls ist die Heilung unserer Seele schwieriger und langwieriger als die Heilung unseres Geistes.

Am schwierigsten erscheint uns Menschen oft die Heilung des Leibes. Vielleicht ist es deshalb schwerer, hier Glauben zu haben, weil wir unseren Leib sehen und anfassen können und seine Gebrechen schmerzhaft spüren. Dann gibt es natürlich auch verschiedene Krankheiten. Es ist vielleicht leichter, für die Heilung von Kopfschmerzen zu glauben, als für einen gebrochenen Arm. Es fällt schwerer, für eine ernste Krankheit zu glauben als für eine leichte; obwohl es für Gott keinen Unterschied macht, ob Er einen verletzten Finger oder ein gebrochenes Genick heilt. Vielleicht konnte unsere Bekannte deshalb auch die Heilung für ihren entzündeten Ballen ergreifen, aber nicht für ihre Lähmung. Doch ich hoffe, daß sie deshalb nicht mutlos wurde, weil die scheinbar kleinere Krankheit geheilt wurde und die größere nicht. Sondern die Heilung des kleineren Übels soll sie anspornen, nun auch für das größere zu glauben.

Wir Menschen der westlichen Welt sind vollgestopft mit materialistischem Denken. Unsere Kultur hat die Idee entwickelt, daß materielle Dinge, in denen physikalische Gesetze wirken, das eigentlich Wahre sind. Und wenn es überhaupt geistliche Dinge gibt, so existieren sie nur in der Welt der Seele und der Vorstellungskraft.

Doch genau das Gegenteil ist wahr. Die geistliche Welt ist viel wirklicher als die materielle. Die materielle Welt kommt von der geistlichen her, nicht umgekehrt. Im Anfang war Gott, der Geist ist — und Er erschuf und erhält das physikalische Universum.

Wenn wir uns manchmal fragen, warum in anderen Gegenden unserer Erde, so zum Beispiel in Indonesien oder Mexiko, viel mehr Heilungen und andere Wunder geschehen, so ist hier einer der Gründe zu suchen. Die Leute dort sind nicht so kompliziert und materialistisch in ihrem Denken, sondern sind viel eher bereit, Gott zuzutrauen, daß er heute noch große Dinge tun kann, die über unseren beschränkten Verstand hinausgehen.

Endlich müssen wir auch verstehen, daß wir in einer gefallenen Welt leben. Gott ist an der Arbeit, die Welt zu heilen, aber sie ist noch nicht wieder heil. Deshalb sind unsere

Seele und unser Leib Tag für Tag den Anfechtungen und Bösartigkeiten unseres geistlichen Feindes, des Teufels, ausgesetzt. Unser bester Schutz gegen diese Angriffe ist unser Vertrauen in Gott, der Schild des Glaubens. Denn nur unser Glaube öffnet Gott den Weg in unser Leben, damit Er uns helfen kann.

WAS HINDERT UNSEREN GLAUBEN?

Wir wollen einige Dinge erwähnen, die unserem Glauben hinderlich sein können, die Heilung, die Jesus anbietet, zu ergreifen.

Zum ersten mag Ihr Glaube Schwierigkeiten haben, weil man Sie belehrt hat, göttliche Heilungen gäbe es nicht mehr. Sie sind vielleicht in einer Kirche aufgewachsen, in der man nicht glaubt, daß Gott heute noch Wunder tut, und haben Predigten gehört, die solches Wirken Gottes bestreiten. Es gibt eine recht populäre Theorie, in der die christliche Geschichte in Perioden unterteilt wird. Was da in der einen Periode oder „Dispensation" geschehen ist, muß nicht notwendigerweise auch in den anderen Perioden geschehen. Gott ändert die Regeln.

Nach dieser Lehre ist die Ausrüstung mit der Kraft des Heiligen Geistes, begleitet durch übernatürliche Zeichen, wie es am ersten Pfingsttag geschah, ein einmaliges Geschehnis und war nur für die Apostel bestimmt. Göttliche Heilungen, Zungenreden und die anderen Gaben des Heiligen Geistes sind „nicht für die heutige Zeit". Diese Dinge geschahen nur in der ersten Zeit des Christentums und hörten auf, als die Apostel starben oder, wie andere sagen, als die Bibel komplett vorhanden war.

Ich kann nicht finden, daß diese Lehre mit der biblischen Aussage übereinstimmt, denn Gott sagt im Alten wie im Neuen Testament ganz klar und eindeutig, daß Er sich nicht ändert. „Denn Ich bin der Herr, Ich verändere Mich nicht"

(Maleachi 3, 6). Und Hebräer 13, 8 sagt: „Jesus Christus derselbe gestern und heute und in Ewigkeit." Außerdem kommt der starke Eindruck auf, daß jene, die so lehren, selbst auszuwählen scheinen, was nach ihrer Meinung gleich bleibt und was sich ändert. Ich kann, wenn so argumentiert werden kann, um alles in der Welt nicht einsehen, warum dann Erlösung für unsere Zeit noch gelten soll, aber nicht die Kraftausrüstung durch den Heiligen Geist, die Geistestaufe; oder warum ich glauben sollte, die Gaben des Geistes hätten zwar aufgehört, aber nicht die Früchte des Geistes.

Jedenfalls, wenn Sie so belehrt worden sind, besonders in Ihrer Kindheit oder Jugend, mögen Sie Schwierigkeiten haben, gegen bewußte oder unbewußte Widerstände in ihrer Seele, die aus dieser falschen Lehre erwachsen sind, zu glauben, göttliche Heilung sei auch noch für heute und auch noch für Sie.

Vielleicht ist es für Sie auch schwer, Heilung im Glauben anzunehmen, wenn Sie belehrt worden sind, daß Gott manche Menschen krank oder körpergeschädigt läßt, damit sie sich geistlich besser entwickeln oder damit ihre Treue und Festigkeit im Leiden andere beeindrucken möge. Vielleicht haben Sie populäre Bücher gelesen oder Filme gesehen, die solche Gedanken vertreten.

Ich weiß, daß ich mich auf diesem Gebiet sehr zart bewegen muß. Ich muß die Treue und den Mut einer Person, die gelähmt ist oder mit großen Schmerzen leben muß, bewundern, wenn sie dabei fortfährt, die Liebe Gottes zu verkündigen und sagt: „Ich glaube, daß Gott diesen Weg für mich geplant und gewollt hat und akzeptiere den Willen Gottes." Und doch... und doch — wird es Menschen dazu bringen, Gott zu bewundern und zu lieben, wenn Er eines Seiner Kinder so behandelt? Ganz gewiß können wir dadurch sehen, wie treu manche Menschen selbst noch unter großen Belastungen sein können; aber wie sehen wir dadurch Gottes Liebe und Barmherzigkeit?

Andere Leute zitieren Hiob, der sagte: „Siehe, tötet Er

mich, ich werde auf Ihn warten" (Hiob 13, 15). Auch hier kann man wieder nur Hiobs Treue und seinen Glauben bewundern. Doch es sollte nicht vergessen werden, daß es Satan ist, der Hiob mit all dem Unheil, das ihm begegnet, überzieht, nicht Gott. Wenn ein irdischer Vater seine Kinder absichtlich krank und schwach halten würde und ihnen jeden Tag eine kleine Dosis Gift in das Essen gäbe, damit sie lernen, wie sie mit den Schwierigkeiten besser fertig werden können, würden wir einen solchen Vater bewundern? Würden wir gern zu seiner Familie gehören wollen?

Wiederum wollen wir fragen: „Was würde Jesus tun?" Nehmen wir einmal an, Jesus käme in das Zimmer, in dem der Mann oder die Frau liegt, die Gott angeblich nach Seinem Willen krank oder körperbehindert läßt, oder Jesus würde einem schwerbehinderten Menschen im Rollstuhl begegnen? Was würde geschehen? Ist es vorstellbar, daß der kranke Mensch *nicht* darum bitten würde, geheilt zu werden oder daß er daran zweifeln könnte, ob Jesus ihn heilen würde? Glauben wir wirklich, daß es einem Menschen gefällt, krank oder körperbehindert zu sein, ganz gleich, wieviel Aufmerksamkeit er dadurch auf sich zieht oder wie sehr man ihm sagt, er sei ein Beispiel für andere? Hat ein kranker Mensch nicht wirklich den Wunsch gesund zu werden?

Und außerdem — glauben wir, daß Jesus sich, wenn er vor Ihm stünde, weigern würde, dem Kranken zu helfen und vielleicht sagen könnte: „Es tut mir leid, mein Lieber, aber mein Vater und Ich möchten, daß du so bleibst wie du bist"?

Wir werden oft ein wenig sentimental, wenn wir von dem geistlichen Gewinn reden, der aus Krankheit und Leiden erwachsen kann. Ich bestreite auch nicht, daß Menschen während ihrer Krankheiten oder Leiden in Geduld und Liebe wachsen können, doch das heißt noch nicht, daß Gott dies so für sie beabsichtigt hat. Wodurch wird Gott wohl mehr verherrlicht, durch einen Menschen, der im Rollstuhl sitzt oder im Bett liegt und in seinen Leiden an Gott festhält, oder durch dieselbe Person, die völlig geheilt herumspringt und so ein lebendiges Zeugnis der Liebe und Macht Jesu Christi ist? Die Antwort des Neuen Testaments ist da, meine ich, recht eindeutig. Es sagt nicht: „Er hat den Lahmen und Blinden die Kraft gegeben, ihre Leiden zu ertragen." Aber es sagt: „Er hat alles wohlgemacht; Er macht sowohl die Tauben hören als auch die Stummen reden" (Markus 7, 37).

In Johannes 9 wird Jesus von Seinen Jüngern gefragt, warum ein Mann blind geboren wurde. Hatten seine Eltern gesündigt oder er? Jesus antwortet, keiner von ihnen, sondern damit die Werke Gottes an ihm offenbar würden. Und als Jesus hörte, Lazarus sei krank, sagte Er: „Diese Krankheit ist nicht zum Tode, sondern um der Herrlichkeit Gottes willen" (Johannes 11, 4). Wollte Jesus nun damit sagen, daß Gott diese Krankheiten verursachte? Das glaube ich nicht. Er will wohl vielmehr folgendes ausdrücken: „Es gibt in dieser Welt viel Krankheit und Not und auch Sterben, wofür scheinbar keine Ursache zu sehen ist. Es ist also sinnlose Krankheit und sinnlose Not und sinnloses Sterben, das durch den Teufel verursacht wird, der einfach Lust am Unheil hat. Doch nun, da Ich, der Sohn Gottes, in die Welt gekommen bin, kann auch aus diesem sinnlosen Leiden noch etwas zur Verherrlichung Gottes werden, indem ich die Krankheit vertreibe und Gesundheit schenke. So ist auch die Krankheit des Blindgeborenen nicht mehr sinnlos, sondern dient, indem Ich ihn jetzt heile, dazu, daß Gott gepriesen wird."

Wenn wir auch nur ein klein wenig noch daran festhalten, daß Gott einige Menschen vielleicht nicht heilen will, werden wir glauben, wir könnten einer von denen sein, der krank bleiben soll. Unser Gebet um Heilung kann dann nicht völlig zuversichtlich und im vollen Glauben sein. Ich weiß aus Erfahrung, daß Kranke, denen ich ganz klar sage, daß Gott sie heilen möchte, gewöhnlich auch ihre Heilung empfangen. Wenn ich aber die geringsten Fragen offenlassen, so daß der Kranke glauben könnte, er sei vielleicht doch eine der Ausnahmen, die krank bleiben müssen, ist es sehr unsicher, ob er geheilt wird.

Einige Leute sagen mir: „Ach, mir geht es wie Hiob, Gott prüft mich." Ich antworte dann gewöhnlich: „Gut, das mag sein, aber Gott machte Hiob gesund, und Er möchte auch dich heilen."

DIE HEILUNGS-LINIE

Wenn Jesus in den Städten und Dörfern Galiläas Kranke heilte, erzeugte jeder Kranke, der geheilt aufsprang, jeder Blinde oder Taube, der jubelte, weil er sehen oder hören konnte, neuen Glauben in den Kranken, die noch darauf warteten, von Jesus geheilt zu werden. Würde Jesus heute noch mit Seinem Leib unter uns weilen, wäre es nicht anders. Doch weil Er heute Sein Werk durch Sie und mich tut und weil wir längst nicht so vollkommen sind wie Er, haben die Leute gewöhnlich auch nicht soviel Vertrauen, wenn wir mit ihnen beten. Tatsächlich kann der Glaube gedämpft oder sogar zerbrochen werden, wenn jemand während einer Konferenz die „Heilungs-Reihe" beobachtet oder die Menschen betrachtet, die vor der Kanzel knien, weil sie gesund werden wollen. Denn es scheint da so viele zu geben, die nicht geheilt werden. Jede Person, mit der gebetet wird und die keine Heilung empfängt, zerstört den Glauben der anderen, denn sie ist ja ein Beispiel dafür, daß Gott nicht alle heilt, die darum bitten. Der Grund liegt aber doch darin, daß die Menschen, die in der Reihe auf Gebet warten oder die an der Kanzel knien, ganz verschiedener Art sind. Einige sind bereit und offen zu empfangen, was Gott ihnen geben will, andere sind es nicht. Manche gehen immer wieder nach vorn, um sich die Hand auflegen und mit sich beten zu lassen, um dadurch einen kleinen Extra-Segen zu empfangen. Schaden kann es ja nicht, und etwas Gutes kann dabei schon herauskommen.

Dies ist auch der Grund, meine ich, daß manche Evangelisten es wünschen, wenn die Leute „unter der Kraft zu Boden fallen". Dadurch sehen die anderen, die zuschauen, wenigstens, daß etwas geschieht und daß der Herr am Wirken ist, und das schafft Glauben. (Wir werden auf das Thema „fallen unter der Kraft" in einem anderen Kapitel näher eingehen.)

In den letzten Jahrzehnten hat Kathryn Kuhlman einen besonders erfolgreichen Dienst auf dem Gebiet der göttlichen Heilung getan. Einer der Gründe dafür mag gewesen sein, daß sie die Leute gewöhnlich nicht aufforderte, nach vorn zu kommen zum Gebet. Sie ermutigte ihre Zuhörer zu glauben, daß Jesus sie gerade an dem Platz heilen würde, wo sie saßen. Wenn Menschen ihre Heilung dann von Gott im Glauben empfangen hatten, forderte Kathryn Kuhlman sie auf, nach vorn zu kommen und die erlebte Heilung zu bezeugen. Das Ergebnis davon war, daß die Anwesenden nur die Geheilten sahen, nicht aber viele Menschen, mit denen gebetet wurde und die nicht geheilt waren.

In Lystra sah Paulus einen Mann, der „Glauben hatte, geheilt zu werden" (Apostelgeschichte 14, 8.9). Der Apostel betete für ihn, und der Kranke wurde sofort geheilt. Wenn man mit jemand betet, ist es sehr wichtig zu wissen, wenn es möglich ist, ob der Kranke Glauben hat für seine Heilung. Wenn wir vor Menschen stehen, die darauf warten, daß wir mit ihnen beten, sollten wir sie mindestens erst fragen, ob sie glauben, daß Jesus tun kann, worum sie bitten und ob sie bereit sind, zu empfangen, was Er ihnen geben will.

Natürlich werden Menschen immer wieder zu denen kommen, die Gott besonders mit dem Dienst der Predigt des Evangeliums und der Heilung der Kranken beauftragt hat. Doch einer der Gründe, daß immer wieder lange Schlangen von Menschen anstehen und darauf warten, daß ein ganz bestimmter Mensch mit ihnen betet, ist darin zu suchen, daß wir immer noch zuviel „Klerikalismus" in unserem Denken haben. Die Leute glauben, das Werk der Gemeinde Jesu kann nur durch berufsmäßige Pastoren oder besondere Menschen getan werden. Von den einfachen Kindern Gottes erwartet man, daß sie sich passiv verhalten und etwas von dem

Segen mitnehmen, der von den geisterfüllten Führern gespendet wird. Doch in der Gemeinde des Neuen Testaments soll die Kraft des Heiligen Geistes durch jedes einzelne Glied wirksam werden.

In der Pfingsterweckung und der charismatischen Erneuerung hat aber der Heilige Geist wieder mehr Raum gewonnen, mit Seiner Kraft durch alle Kinder Gottes zu wirken. Als die Glieder meiner Gemeinde mit dem Heiligen Geist getauft wurden, begannen sie bald darauf, sich gegenseitig die Hände aufzulegen und für ihre kleinen und größeren Nöte zu beten. Wir erlebten dabei dramatische Heilungen, wie die jener Frau, die nach dem Zeugnis des Herzspezialisten buchstäblich ein neues Herz erhielt. Andere Heilungen waren natürlich viel einfacher. In einer Gebets- oder Bibelstunde berichtete eine Frau vielleicht: „Als ich heute daheim kochte, ist heißes Fett aus der Pfanne auf meinen Arm gespritzt. Mein Mann kam schnell herbei und betete mit mir. Schaut euch meinen Arm an. Es ist überhaupt nichts zu sehen."

Vor einigen Jahren faßte ich den Mut zu folgendem Experiment: Ich hatte an einer Versammlung teilgenommen, in der eine sehr bekannte Evangelistin predigte. Menschen aus der ganzen Gegend waren gekommen, um am Gottesdienst teilzunehmen, weil man von der Evangelistin sagte, sie habe besondere Kraft. Ich bemerkte, daß sie die Leute nicht einlud, nach vorn zu kommen zum Gebet, sondern sie ermutigte ihre Zuhörer, Jesus zu vertrauen, wo sie gerade saßen. Viele wurden geheilt und kamen nach vorn, um zu bezeugen, was sie erlebt hatten.

Als ich wieder in meiner Gemeinde war, forderte ich unsere Glieder in einer Gebetsstunde ebenfalls dazu auf. Sie sollten da, wo sie saßen oder standen, dem Herrn vertrauen, daß Er sie heilen würde, während wir jetzt alle gemeinsam beteten. Ich ging noch einen Schritt weiter und ermunterte die Anwesenden, sich gegenseitig die Hände aufzulegen. Anschließend fragte ich, ob jemand eine Heilung erlebt habe und kurz davon berichten könne. Mehrere der Anwesenden hoben ihre Hand und bezeugten eine soeben erlebte Heilung. Daheim habe ich für mich noch eine kleine Rechnung aufgestellt: Es waren etwa 7000 Menschen in der Versammlung bei der Evangelistin. In unserer Gebetsstunde waren etwa 70 Besucher gewesen. Ich schätze, daß etwa 200 Menschen in jener großen Versammlung bezeugt hatten, geheilt worden zu sein. Bei uns hatten mindestens sechs von den 70 Anwesenden eine erlebte Heilung bezeugt. Mir schien, der Prozentsatz der Heilungen war bei uns höher als in jener großen Versammlung mit der berühmten Evangelistin. Gewiß, einige der Heilungen, die bei uns bezeugt wurden, waren kleinerer Art, wie ein entzündeter Hals oder ähnliches. Mit solchen kleinen Dingen waren die Leute in der großen Versammlung vielleicht gar nicht erst nach vorn gekommen. Doch selbst wenn man dies mit bedachte, war mir der Blick für die Möglichkeiten Gottes durch das Wirken des Heiligen Geistes geöffnet worden.

Seither habe ich schon oft an Sonntagen und auch bei anderen Gottesdiensten die Gemeinde aufgefordert, auf diese Weise füreinander zu beten. Fast immer haben wir dabei erlebt, daß aus einer Schar von 100 bis 200 Anwesenden sechs oder sieben oder manchmal auch mehr anschließend bezeugten, sie seien geheilt worden. Die Erfahrung lehrte mich bald, daß immer noch eine Anzahl mehr gesund geworden waren, denn manche sind zu schüchtern, um sich öffentlich zu melden, und andere wollen es erst ganz genau wissen, weil sie vorsichtig sind. Oft erhalte ich dann am nächsten Tag einen Anruf, etwa so: „Ich wollte erst ganz sicher gehen, ob ich wirklich geheilt war, aber jetzt kann ich sagen: Ich bin geheilt." Preis sei dem Herrn!

Wenn wir so alle füreinander beten, werden nicht nur Halsentzündungen geheilt. Eines unserer Gemeindeglieder wurde dabei von Krebs geheilt. Ärztliche Untersuchungen haben die Heilungen einwandfrei bestätigt. In einer Versammlung der „Geschäftsleute des vollen Evangeliums" in Everen beteten wir auch auf diese Weise füreinander. Plötzlich begann ein Mädchen vor Freude laut zu weinen. Ihre Arme und Hände waren bisher mit einer Schuppenflechte bedeckt gewesen. Als alle gemeinsam füreinander beteten, war die Flechte mit einem Schlag verschwunden.

Wenn wir auf diese eben geschilderte Weise miteinander beten, ermutige ich alle Anwesenden, die mit dem Heiligen Geist getauft sind, aufmerksam auf das Reden des Geistes zu lauschen, der uns vielleicht durch die Gabe des „Wortes der Erkenntnis" etwas zu sagen hat. An einem Abend zum Beispiel stand ein Mann auf und sagte: „Gott hat mir gezeigt, daß eine Person mit einem vereiterten Zahn anwesend ist." Ich fragte die Versammlung, ob dies so sei, und tatsächlich, eine Frau meldete sich. Nun bat ich den Bruder, der das Wort der Erkenntnis vom Heiligen Geist empfangen hatte, mit der Frau zu beten. Er tat dies, wir unterstützten ihn alle, und die Frau wurde geheilt.

Wenn Sie in einer Versammlung sind und der Heilige Geist zeigt ihnen, daß irgendeine anwesende Person eine bestimmte Krankheit hat, dann sollten Sie das sagen. Wenn dann einer der Anwesenden sich meldet, als mit dieser Krankheit behaftet, sollten Sie mit ihm beten. Wenn während einer Versammlung jemand zu Ihnen kommt und sagt: „Gott hat mir gezeigt, daß ich geheilt werde, wenn Sie mit mir beten", dann zögern Sie nicht, sondern tun Sie es. Gott hat dieser Person vielleicht die Gabe der Erkenntnis und gleichzeitig die Gabe des Glaubens gegeben, eine Kombination, durch die Er große Dinge tun kann.

EIN DIENST DER HEILUNG

Es gibt einige Gläubige, denen hat Gott einen besonderen Dienst der Heilung gegeben. Die Geschichte zeigt uns, daß es Männer und Frauen gab, bei denen fast alle Kranken gesund wurden, wenn sie mit ihnen beteten. Oft haben solche Menschen selbst eine wunderbare Heilung erlebt und haben deshalb besonders starkes Mitleid mit anderen, die leiden müssen und möchten, daß ihnen auf die gleiche Weise geholfen wird wie sie selbst Hilfe empfingen. Diese Menschen scheinen zu wissen, wie sie sich der Kraft Gottes öffnen müssen, damit der Heilige Geist durch sie wirken und Menschen gesund machen kann.

Der Glaube solcher Menschen kann durch die Kraft des Heiligen Geistes manchmal Hindernisse beiseite räumen, obwohl die Person, für die gebetet wird, selbst keinen aktiven Glauben hat und die Heilung auch gar nicht fest erwartet. Trotzdem sollten auch solche Menschen mit einem besonderen Heilungsdienst sich, wenn möglich, die Zeit nehmen herauszufinden, ob jene, mit denen sie beten, auch Glauben haben. Sogar Jesus konnte den aktiven Unglauben der Menschen in Seiner Heimatstadt nicht überwinden. Matthäus sagt: ,,Und Er tat dort nicht viele Wunderwerke wegen ihres Unglaubens" (Matthäus 13, 58).

Es gibt Menschen, die ihre Heilung verzögern, indem sie sagen: ,,Es ist jetzt sicher nicht Gottes Zeit für mich. Er wird mich heilen, wenn Er dazu bereit ist." Das klingt sehr demütig und geduldig, ist aber manchmal nur eine Ausrede, damit wir uns nicht selbst mit unserem ganzen Leben und Glauben Gott stellen und vertrauen müssen. Jesus hat sich nie gedrückt, wenn Er gebeten wurde, jemand zu heilen. Er sagte nie: ,,Ich bin noch nicht bereit, dich jetzt zu heilen. Komm doch das nächste Mal wieder." Wir sagten schon, daß es gewiß nicht Gottes Absicht ist, uns krank zu lassen. Er möchte, daß es uns wohl geht, und zwar gerade jetzt. Gott läßt uns nicht warten; aber wir lassen Ihn oft warten und schieben Ihm dann die Schuld für die Verzögerung zu.

DIE SEELE BRAUCHT ZUERST HEILUNG

Nach meiner Überzeugung ist einer der wichtigsten Gründe, wenn Leute keine Heilung empfangen, daß tief in ihrer Seele noch eine Not verborgen liegt. Wir sahen, wie eine Frau buchstäblich aus ihrem Rollstuhl sprang. Sie war völlig geheilt von mehreren Krankheiten, weil sie Jesus erlaubte, ein Problem, das sie schon seit ihrer Kindheit in ihrer Seele herumtrug, zu heilen. Eine andere Frau hatte seit Jahren einen verkrüppelten Arm und wurde augenblicklich geheilt, als sie und ihre Tochter sich alten Kummer vergaben, den sie sich gegenseitig bereitet hatten. Beide Frauen kannten und liebten Gott schon seit vielen Jahren.

Ihr Glaube, die von Gott angebotene Heilung zu ergreifen, kann durch alten Groll und Unversöhnlichkeit, die tief in Ihrer Seele verborgen sind, gehindert werden. Es kann sich um Groll handeln, der mir nicht einmal mehr bewußt ist. Hier muß der Heilige Geist in unsere Seele hineinleuchten können, und Jesus muß die alten Wunden heilen. Die Fragen um die innere Heilung der Seele sind etwas, das jeder wissen sollte, doch es würde über das Thema dieses Buches hinausgehen, würde ich mich näher damit beschäftigen. Bitte, gehen Sie den damit zusammenhängenden Fragen ernstlich nach. Im Anhang empfehle ich eine Anzahl gute Bücher. Einige der Titel beschäftigen sich mit diesen Fragen. Besonders Ritas Buch „Emotional frei" behandelt dieses Thema sehr gründlich und praktisch.

Oft muß man sich auch die Frage stellen, ob es Menschen gibt, die vielleicht ihre Heilung gar nicht ernstlich wünschen. Haben Sie schon einmal am Arbeitsplatz oder durch andere Umstände in einer Periode besonders schwerer und anstrengender Arbeit gestanden und bei sich gedacht: „Es wäre gar nicht schlecht, wenn ich jetzt eine kleine Erkältung bekäme oder vielleicht eine leichte Grippe, damit ich eine Entschuldigung hätte, mich einige Tage ins Bett zu legen"? Sind Sie während Ihrer Schulzeit morgens schon mal mit einem leicht schmerzenden Hals oder starken Kopfschmerzen aufgewacht und waren im stillen ganz froh darüber, weil Sie auf diese Weise an einer gefürchteten Prüfung in der Schule vorbei kamen? Wäre es Ihnen recht gewesen, wenn bei einer solchen Gelegenheit jemand für Sie gebetet hätte, damit Sie schnellstens geheilt würden?

Genauso mögen in ernsteren Fällen zwar manche Menschen darum bitten, geheilt zu werden, doch in ihrem Unterbewußtsein wünschen sie die Heilung gar nicht, weil die Vorteile ihrer Krankheit scheinbar die Nachteile überwiegen. Manche Menschen haben Angst, sie würden nicht mehr im Mittelpunkt stehen, wenn sie gesund wären, während in ihrer Krankheit sich viele um sie kümmern. Ein Mensch, der seit Jahren behindert ist und versorgt wird, mag sich Gedanken darüber machen, ob er noch mit dem Leben fertig würde, wenn er gesund wäre und selbst für sich sorgen müßte. So kann auch hier manchmal ein Hindernis vorliegen, aber Gott wird verantwortlich gemacht, wenn keine Heilung geschieht.

KANN SÜNDE HEILUNG VERHINDERN!

Werden Menschen nicht geheilt, weil sie noch schlechte und sündige Dinge tun? Offensichtlich muß die Antwort lauten: Ja, wenn ihr Leben nicht in Ordnung ist, können sie nicht erwarten, daß Gott sie heilt. Sie müssen zuerst ihr Leben reinigen.

Doch erstaunlicherweise schien Jesus die Dinge nie so zu sehen. Von Ihm wird nie berichtet, daß Er zu einem Kranken gesagt hätte: ,,Ich werde dich heilen, wenn du dein Leben in Ordnung gebracht hast." Jesus stellte, soweit ich sehen kann, nie Bedingungen, wenn Er einen Menschen heilte. An einer Stelle finden wir, daß Er zu einem Mann sagte: ,,Mein Sohn, deine Sünden sind dir vergeben" (Matthäus 9, 1—8). Doch dieser Mann hatte nicht um Vergebung gebeten, sondern war von seinen Freunden auf einer Bahre zu Jesus gebracht worden. Wir erfahren nichts darüber, was er gesagt oder gedacht hat. Bei einer anderen Gelegenheit heilte Jesus zehn Aussätzige. Auch hier stellte Jesus keine Fragen über ihr Leben oder Bedingungen, ehe Er sie heilte. Es sieht sogar so aus, als ob nur einer die Hilfe Gottes wirklich anerkannt hätte und zu Jesus zurückkam, um Ihm zu danken (Lukas 17, 12—19).

Bei einer anderen Gelegenheit sagte Jesus zu einem Mann: „Siehe, du bist gesund geworden; sündige nicht mehr, damit dir nichts Ärgeres widerfahre" (Johannes 5, 14). Doch das sagte Jesus, *nachdem* Er den Mann geheilt hatte. Es war sozusagen ein guter Rat für sein weiteres Leben, keine Bedingung für seine Heilung; die war schon geschehen. Es scheint so zu sein, daß Jesus nie Bedingungen für die Heilung eines Kranken aufstellte, außer einer: der Betreffende mußte glauben. Da also Jesus alle heilte, die Ihn baten und die glaubten, scheint es keinen Grund zu geben, zu sagen, das bisherige schlechte Leben eines Menschen könne seine Heilung verhindern.

Welch eine Erleichterung und Ermutigung ist das doch. Wenn ich erst völlig den Maßstäben Gottes entsprechen müßte, ehe ich zu Ihm kommen darf, um zu bitten: „So Herr, hier bin ich nun; ich bin jetzt würdig, Deinen Segen und Heilung zu empfangen", wäre das eine Einladung an unseren Stolz und an unsere Selbstgerechtigkeit. Es wäre außerdem hoffnungslos für mich, Heilung zu erwarten, denn wie kann ich sicher sein, daß ich mit allen meinen Fehlern fertig geworden bin, selbst wenn mir das möglich wäre? Die Idee, daß Gott uns nicht heilen will, wenn etwas in unserem Leben nicht in Ordnung ist, kann uns auch, bewußt oder unbewußt, als Entschuldigung dienen, wenn wir dem Herrn für unsere Heilung nicht ganz vertrauen können. Wir sagen dann vielleicht: „Es gibt sicher etwas in meinem Leben, das mir noch nicht klar geworden ist, was aber erst noch geordnet werden muß, ehe Gott mich heilen kann."

Doch wenn wir von „verborgenen oder geheimen Sünden" reden, meinen wir damit doch nicht etwas, das der Sünder selbst nicht weiß. Eine „geheime" Sünde ist etwas, von dem Sie selbst wissen, was Sie aber bewußt nicht lassen wollen und wollen auch nicht, daß andere es erfahren. Es ist also der geheuchelte Anschein, alles sei in Ordnung, obwohl es nicht in Ordnung ist. Ganz gewiß ist wahr, wenn jemand in einer Sünde lebt, von der er weiß und sich davon nur nicht trennen will, daß er dann nicht geheilt wird. Wir müssen mit Gott ehrlich sein.

Zögern Sie nicht, zu Jesus zu kommen, ganz gleich, mit welchen Problemen Sie sich in Ihrem Leben noch herumschlagen und mit welchen schlechten Eigenschaften Sie vielleicht noch zu kämpfen haben. Versuchen Sie nicht, vor Gott etwas zurückzuhalten, sondern machen Sie es wie der Verlorene Sohn, den sein Leben im Elend und im Schweinestall anekelte und der sich entschloß, heimzugehen, obwohl er immer noch nach all dem Unrat stank. Ich will hier nicht sagen, daß es für uns als Christen nicht wichtig wäre, wie wir uns benehmen und wie wir leben (das ist ein anderes Thema), aber ich möchte nochmals stark betonen, daß Jesus gutes Benehmen nicht zur Vorbedingung für Ihre Heilung macht. Alles, was Er zunächst erwartet ist, daß Sie Ihm glauben und vertrauen.

WAS IST MIT DENEN, DIE NICHT GEHEILT WERDEN?

Ich bin mir sehr wohl bewußt, daß dies eine ernste und herzbewegende Frage ist. Was ist mit einem Menschen, der wirklich glaubt, daß Gott ihn heilen möchte, der auch alles mögliche versucht, um Heilung zu empfangen, und doch nicht geheilt wird? Wenn wir ihn ermutigen weiterzubeten bis er geheilt wird, lebt er vielleicht in innerer Unzufriedenheit, während er auf die Heilung wartet, und fragt sich, was mit ihm nicht in Ordnung ist. Wenn er sich aber auf der anderen

Seite damit zufrieden gibt, daß er krank ist, so heißt dies doch, daß er seinen Zustand akzeptiert und nicht mehr erwartet, daß Gott ihn heilt. Das ist oft der Grund, weshalb wohlmeinende Christen chronisch kranke Menschen ermutigen zu glauben, ihr Zustand sei der Wille Gottes. Die Krankheit ist dann, wenn schon nicht physisch, so doch zumindest psychologisch leichter zu ertragen.

Ich habe schon gesagt, daß ich nicht glaube, daß Gott die Menschen krank macht oder will, daß sie krank bleiben. Ich meine, ein Kranker sollte nicht aufhören darauf zu warten, daß Gott ihn heilen wird, denn vielleicht gibt es da doch ein tief verborgenes Problem, das dem Kranken selbst nicht bewußt ist, das aber wie ein Hindernis wirkt, Gottes Heilung zu empfangen.

Ich glaube, ein Mensch sollte alles tun, was ihm bewußt wird, um irgendwelche Hindernisse aus dem Weg zu räumen. Ein Kranker wird ohne Zweifel bereit sein, neue Behandlungsmethoden oder Arzneien, die ihm empfohlen werden, zu probieren und wird nicht gleich unglücklich, wenn die bis jetzt ausprobierten Therapien noch nicht zum Erfolg geführt haben. Er wird sich deshalb auch nicht schuldig fühlen. So ähnlich ist es auch mit der göttlichen Heilung. Sie wird noch zurückgehalten durch etwas, das kuriert werden muß. Doch bis das Problem nicht erkannt ist, weiß der Kranke nicht, wie es bewältigt werden soll. Es ist nicht seine Schuld, aber es ist auch nicht Gottes Schuld. Der Kranke darf nur nicht aufgeben, weiter auf Gott zu hoffen und offen zu sein für den Heiligen Geist, wenn dieser ihm etwas zeigen will, das er mit Gottes Hilfe bewältigen muß. Solange er die richtige Antwort nicht gefunden hat, braucht er auch kein Schuldgefühl in sich aufkommen zu lassen. Das muß nur der Mensch, der weiß, was er zu tun hätte, was Gottes Wille für ihn ist, und der es nicht tut. Aber hören Sie nicht auf, für Ihre Heilung zu beten, und sagen Sie nicht: ,,Ich glaube, Gott ist noch nicht bereit, mich zu heilen, oder Er möchte, daß ich krank bleibe. Wenn Er dann Seine Meinung ändert, kann Er mich ja heilen." Das wäre genauso, als würden Sie, wenn eine medizinische Behandlung nicht hilft, sagen: „Ich glaube, der Arzt möchte, daß ich krank bleibe. Ich werde nicht mehr in die Behandlung gehen. Wenn er dann so weit ist, daß er mich gesund machen will, wird er das schon tun."

In dem Augenblick, in dem ich den leichteren Weg wähle und zu einem Kranken sage: „Gott will dich vielleicht jetzt noch nicht heilen", oder: „Gott will vielleicht, daß du krank bleibst", wird der Kranke Mut und Glauben verlieren und nicht mehr mit ganzem Herzen um seine Heilung beten. Jesus sagt uns, wir sollen nicht aufhören zu bitten, nicht aufhören zu suchen und nicht aufhören zu klopfen (Matthäus 7, 7.8). Er sagt, wir sollten „allezeit beten und nicht ermatten" (Lukas 18, 1).

Für manche Krankheiten scheint es schwerer, Glauben aufzubringen, wie zum Beispiel Querschnittlähmung oder andere ernste Körperschäden. Wenn jemand ein Bein verloren hat, kann Gott es wieder wachsen lassen? Kann Gott neue Glieder für den Körper geben? Nun, als Petrus einem der Soldaten des Hohenpriesters das Ohr abgeschlagen hatte, berichtet Lukas nicht, daß Jesus es sorgfältig aufgehoben, gereinigt und an die richtige Stelle zurückgesetzt hätte. Er schreibt vielmehr: „Und Jesus rührte sein Ohr an und heilte ihn" (Lukas 22, 51).

Solche Dinge sind ganz gegen unseren „gesunden Menschenverstand". Und doch haben wir in den letzten Jahren oft erlebt, wie Gott Menschen, die ein zu kurzes Bein oder einen zu kurzen Arm hatten, durch Gebet das betreffende Glied verlängerte. Ich erinnere mich an einen Sonntagmorgen nach dem Gottesdienst. Einer unserer Ältesten betete mit einer Frau, die ein zu kurzes Bein hatte. Ich stand dabei und sah zu, wie das Bein um mindestens 7 cm wuchs. Es wuchs tatsächlich so sehr, daß es jetzt zu lang wurde und wir nun beten mußten, daß es auf die normale Länge zurückging; was es auch tat. Die Frau mußte sofort am nächsten Tag neue Schuhe kaufen gehen, weil sie ihre bisherigen, die auf einer

Seite höhere Absätze und Sohlen hatten, nicht mehr tragen konnte. Gerade während ich dieses Kapitel zu Ende schreibe, erhalte ich eine christliche Zeitschrift, in der berichtet wird, wie Cheryl Prewitt Blackwood, die amerikanische Schönheitskönigin des Jahres 1980, ein ähnliches Wunder erlebt hat, nachdem ihr linkes Bein bei einem Autounfall zertrümmert und etwa 8 cm kürzer geworden war als das rechte. In einem Gottesdienst in Jackson, Missisippi, wurde mit ihr gebetet. Ihr Bein wurde sofort wieder völlig normal.

Überlegen Sie einmal, wie viele Muskeln, Sehnen und Körpergewebe dabei nachwachsen müssen, wenn ein solches Wunder geschieht, ganz zu schweigen von den Nerven und Blutgefäßen in so einem Glied. Nun fragen Sie sich selbst, ob es da ein noch viel größeres Wunder wäre, wenn Gott jemand ein verlorenes Glied ersetzt? Gibt es etwas, das für Gott unmöglich ist?

WAS KÖNNEN WIR TUN?

Was kann Ihnen helfen, wenn Sie den Wunsch haben, geheilt zu werden? Lesen Sie glaubensstärkende Bücher über dieses Thema, vor allem aber das Neue Testament. (Im Anhang finden Sie eine Liste, in der ich etliche Bücher empfehle.) Wenn Sie körperlich dazu in der Lage sind, besuchen Sie fleißig die Gottesdienste, Konferenzen und besondere Veranstaltungen (nicht unbedingt nur Heilungsversammlungen), in denen ihr Geist und ihre Seele gestärkt werden und geistlich wachsen, denn dadurch wächst auch Ihr Glaube. Vielleicht sollten Sie dem Herrn erst einmal für kleinere Dinge vertrauen, wenn Sie bei größeren immer noch von Zweifeln geplagt werden. Beten Sie darum, daß Gott Ihre Kopfschmerzen hinwegnimmt. Wenn Er das dann tut, beginnen Sie nicht zu hadern: „Wenn Gott meine Kopfschmerzen oder den entzündeten Finger heilt, warum tut Er nichts für meine große Not?"

101

Sagen Sie vielmehr: „Wenn Gott meine Gebete für die kleinen Dinge beantworten kann, will Er auch mit den großen fertig werden; ich brauche nur den Glauben dafür." Wenn wir kleinere Gebetserhörungen erleben, wird unser Glaube für die größeren Dinge dadurch wachsen.

Lassen Sie sich durch Ihre eigene Krankheit nicht hindern, auch für die Nöte der anderen zu beten. Wenn Sie miterleben, wie andere Hilfe erhalten, wird das wiederum Ihrem Glauben helfen. Ich habe schon erlebt, daß Gott manchen geholfen hat, während sie für Nöte und Krankheiten anderer beteten.

Können wir Gottes Antwort und Erhörung unserer Gebete vielleicht deshalb nicht im Glauben erfassen, weil wir Ihm gegenüber nicht dankbar sind, sondern unzufrieden und gegen Ihn murren? Wir haben uns in dem Kapitel über Lobpreis mit dieser Frage befaßt. Wir brauchen Gott nicht zu danken *für* die Nöte und Probleme, weil Er wohl nicht der Verursacher derselben ist, aber wir sollten Ihm *inmitten* unserer Nöte danken können für alles, was Er bisher schon für uns getan hat und für Seine Liebe, Barmherzigkeit und Treue. Dies ist ein sehr wichtiger Punkt. Sie sollten so nahe mit Gott leben, wie es Ihnen möglich ist. Dazu hilft, wenn Sie Ihn preisen, Ihn lieben, über Ihn nachdenken und immer wieder Seine Gemeinschaft suchen. Ihre Krankheit sollte nicht dazu führen, daß Sie sich von Gott abwenden. Sie sollten Ihn eher jetzt noch mehr suchen als bisher. Sie sollten ganz ehrlich und aus tiefstem Herzen beten können: „Wichtiger als meine körperliche Heilung ist mir, daß ich ganz nahe in Deiner Gegenwart leben kann, Herr." Jeder Mensch, der Gott wirklich kennt, weiß auch, daß Seine Gegenwart und Liebe wichtiger sind als alles andere, einschließlich der Gesundheit des Leibes. Und jeder, der Gottes Liebe wirklich geschmeckt hat, wird immer sagen: „Ich möchte immer in der Liebe Gottes leben, auch wenn ich dafür den Preis bezahlen müßte, mein ganzes Leben krank oder körperbehindert zu bleiben." Doch wir sollten andererseits wissen, daß Gott solche Bedingungen für Seine Liebe nicht stellt, sondern gerade weil Er uns liebt, freut Er sich, wenn es uns nach Geist, Seele und Leib wohl geht.

Gott will nicht, daß wir an Krankheiten oder Behinderungen leiden, sondern diese sind, wie wir in früheren Kapiteln sahen, im allgemeinen durch die Sünde und durch das unheilvolle Wirken des Satans gekommen, der den Menschen schadet, so sehr er kann. Doch auf der anderen Seite ist Gott in Seiner Allmacht und Souveränität in der Lage, aus diesen Übeln, die uns Menschen befallen, noch etwas Gutes zu machen. Deshalb sollten Sie als Christ, wenn der Herr Sie noch nicht geheilt hat, immer an zweierlei denken:

Erstens sollten Sie nie die Hoffnung und das feste Vertrauen aufgeben, daß der Herr Sie heilen will und wird, und Sie sollten die Heilung beständig im Glauben erwarten. Zweitens sollten Sie, solange Sie noch nicht geheilt sind, offen sein für Gott, damit Er Sie auch während der Krankheit gebrauchen kann und weil Er selbst aus diesem Zustand noch etwas Gutes machen möchte. Gott wird Ihnen dann zeigen, wie Sie auch in Ihren Leiden noch ein Segen für andere werden können. Viele gläubige Christen haben erzählt, wie sie im Krankenhaus Ärzten und dem Personal ein Zeugnis für Jesus sein konnten.

Wie steht es aber mit kleinen Kindern, die oft schon mit Krankheiten oder Behinderungen geboren werden oder sehr früh krank werden? Manche von ihnen sterben auch bald wieder, ohne daß sie geheilt werden?

Ich bin fest überzeugt davon, daß nicht Gott für die Krankheiten der Kinder verantwortlich ist. Wie sollte Jesus, der sagt: „Laßt die Kindlein zu mir kommen..., denn solchen gehört das Reich Gottes" (Markus 10, 14), Freude daran haben, sie krank zu machen? Gerade hier, bei noch unschuldigen Kindern können wir aber sehen, welches Unheil der Satan in dieser Welt anrichtet. Um so mehr gilt es, diese Kleinen der Hilfe und heilenden Hand Gottes anzubefehlen. Emily Gardener Neal erzählt in ihrem Buch „The Lord is our

Healer" die Geschichte der kleinen siebenjährigen Kristin, die an Knochenkrebs litt und bald auch daran starb. Mrs. Neal beschreibt, wie das Kind während dieser Leidenszeit geistlich wuchs und durch ihr Zeugnis viele andere Menschen gesegnet wurden. Sie schließt dann: „Der Gott, den ich anbete, bringt keine so schrecklichen Leiden über ein kleines Kind, damit ihre Eltern, Nachbarn und Freunde Erlösung finden oder dadurch gesegnet werden. Der Gott, den ich liebe, *wollte* ihre schlimme Krankheit nicht, aber Er gebrauchte sie zum Segen für andere. Er war es nicht, der ihren frühen Tod *wollte*, aber Er heiligte ihren Geist und Seele in so außergewöhnlicher Weise, daß alle von uns, die mit ihr in Berührung kamen, dadurch immer wieder gesegnet wurden."

WAS IST MIT ÄRZTEN?

Zuerst möchte ich sagen, daß ein wirklicher Arzt ein Mensch ist, den Gott gerufen hat, kranke Menschen zu heilen. Wenn die Krankheiten von Gott kämen und Er eine Absicht damit verfolgte, würden die Ärzte ja gegen Gott arbeiten. Wenn jemand mir sagt, Gott habe ihn krank gemacht und es sei auch aus irgendeinem Grund Gottes Wille, daß er krank bleibt, frage ich manchmal: „Warum gehen Sie dann zum Arzt und suchen dessen Hilfe, um gesund zu werden? Wenn Gott *will*, daß Sie krank sein sollen, sollten Sie nicht gegen Gottes Willen handeln und auch den armen Arzt nicht darum bitten, gegen Gottes Willen zu kämpfen."

Ärzten und Krankenschwestern, die an Gott glauben, fällt es oft leichter als anderen Menschen zu glauben, daß Gott die Kranken heilen will. Sie wissen, daß sie selbst zum Heilen berufen sind und würden es seltsam finden, wenn dies gegen Gottes Willen sein sollte. Es gibt viele Ärzte und Krankenschwestern, die fest an göttliche Heilung glauben und mit ihren Patienten beten. Der Bruder meiner Frau, Dr. William Standish Reed, ist ein hochbegabter und erfolgreicher Chirurg. Auch er betet schon seit vielen Jahren mit Kranken, damit Gott sie heilen möge. Er hat eine Organisation gegründet, die sich „Christliche Medizinische Stiftung" nennt und der mittlerweile schon mehr als 3000 Ärzte angehören, die an göttlicher Heilung interessiert sind.

Ein enger Freund von mir, ein führender Neurochirurg, gibt seinen Patienten, ehe er sie operiert, immer den Rat, zunächst mit sich für göttliche Heilung beten zu lassen. Wenn sein Patient einer christlichen Gemeinde angehört, schickt er ihn zu seinem Pastor für Gebet; glaubt er, er sollte es tun, betet er selbst mit dem Patienten. Erst wenn der Kranke dann keine Heilung nach dem Gebet erfährt, greift er zu seinen chirurgischen Instrumenten und geht in der festen Überzeugung, daß Gott ihm jetzt helfen wird, an die Arbeit.

Eines Tages sprach ich mit einem befreundeten Arzt hier in Seattle über das Thema göttliche Heilung durch Gebet. Er meinte lächelnd: „Ich glaube auch daran. Aber du brauchst dir deshalb um mich keine Sorgen zu machen, Dennis, wenn Gott auf einmal beginnen sollte, alle Kranken zu heilen, kann ich noch immer als Versicherungsvertreter gehen."

Ich antwortete: „Dir wird es nie an Arbeit mangeln, Bob, denn die meisten Kranken werden immer noch deine Hilfe brauchen." Die meisten glauben ja nicht an Jesus und schon gar nicht an Seine Heilungskraft. Gott heilt die Kranken und will auch immer noch heilen. Und so, wie in unseren Tagen der Heilige Geist mehr Raum bekommt unter den Christen und immer mehr Menschen mit dem Heiligen Geist getauft werden, kann Gott auch immer noch mehr Menschen durch die Kraft des Heiligen Geistes heilen. Doch bis wir im Glauben die Heilung von Gott empfangen und festhalten, können wir durchaus die Hilfe des Arztes aufsuchen.

Manche meinen, es zeige Mangel an Glauben, wenn sie zum Arzt gehen, und wir könnten nicht mehr mit der Hilfe Gottes rechnen, wenn wir menschliche Hilfe suchten. Dadurch können manchmal schwierige Situationen entstehen, wenn zum Beispiel ein Kind stirbt, weil die Eltern Gott fest vertrauen wollten und sich weigerten, medizinische Hilfe zu suchen. Eine solche Einstellung wirft in den Augen der Ungläubigen immer wieder ein zweifelhaftes Licht auf die ganzen Fragen um die göttliche Heilung. Wir würden Eltern, die so handeln, zwar nicht verurteilen, denn sie haben schon genug Leid zu tragen; doch meine ich, daß sie sich in ihrer Haltung in einem tragischen Irrtum befinden. Wir können eine solche Entscheidung, Gott zu vertrauen und nicht zum Arzt zu gehen, niemals für eine dritte Person treffen, nicht einmal für unser eigenes Kind.

In jedem Falle aber sollten wir Gott immer die erste Gelegenheit geben, zu heilen. Vor Jahren hatte mein jüngerer Sohn eine schlimme Entzündung in seinem Knie, die sich zur Blutvergiftung auswuchs. Wir konnten sehen, wie eine rote Linie von seinem Knie aus langsam den Oberschenkel hinauf wuchs. Ich wußte, daß die Dinge sehr ernst werden konnten und war bereit, sofort den Arzt zu rufen. Doch meine Frau sagte: „Sollten wir nicht zunächst einmal dafür beten?" Ich beruhigte mich, faßte Glauben und Vertrauen, und wir beteten. Nach mehreren Stunden schien es dem Knie besser zu gehen, doch die Entzündung war immer noch vorhanden. „Wir rufen jetzt doch besser den Arzt", meinte ich. „Wie wäre es, wenn wir zunächst nochmals beteten?" schlug meine Frau voller Glauben und Hoffnung vor. Wir taten es, und innerhalb kurzer Zeit war das Bein völlig gesund.

Sie sollten zuerst immer beten, ganz gleich, wie ernst die Lage auch sein mag. Geben Sie dem Gott, der Wunder tun kann, die Gelegenheit, ein solches auch in Ihrem Leben zu tun. Wenn scheinbar keine Heilung eintritt, gehen Sie unbesorgt zum Arzt oder rufen Sie ihn für die kranke Person, aber hören Sie trotzdem nicht auf zu beten. Das Wunder kann immer noch jeden Augenblick geschehen, selbst der Arzt mag Zeuge eines solchen werden. Bitten Sie Gott, daß Er auch den Arzt recht leitet und all die, die helfen wollen.

Wenn jemand mich fragt: „Sollte ich zum Arzt gehen oder einfach Gott vertrauen?", antworte ich gewöhnlich: „Allein die Tatsache, daß Sie fragen, zeigt mir, daß Sie zum Arzt gehen sollten." Die einzige Zeit, wenn ein Mensch nicht ärztliche Hilfe suchen sollte, ist jene, wo er selbst ganz fest davon überzeugt ist, daß Gott ihn heilen wird. Kein anderer Mensch sollte ihn hier beeinflussen oder gar bestimmen. Denn hier kann allein die Gabe des Glaubens wirksam werden.

Als Jesus die zehn Aussätzigen heilte, sagte Er zu ihnen: „Geht und zeigt euch den Priestern" (Lukas 17, 11—19). Die Priester waren damals auch so etwas wie das Gesundheitsamt. Hier erwartete Jesus von den Aussätzigen ein Handeln im Glauben, denn sie sollten sich auf den Weg machen, noch ehe sie etwas von ihrer Heilung sahen. Die Bibel berichtet: „Und es geschah, während sie hingingen, wurden sie gereinigt." Wenn wir mit Kranken beten, halten wir es ebenso. Wenn ein Kranker geheilt wird, raten wir: „Geh nun und lasse die Heilung vom Arzt bestätigen." Wir raten ihm auch, die verordneten Medikamente weiter zu nehmen, bis der Arzt bestätigt, daß er geheilt ist.

WIR SOLLTEN AUF UNSEREN KÖRPER ACHTEN

Ich glaube, zu den Fragen um göttliche Heilung gehört unbedingt der Hinweis, daß wir es nie an der rechten Fürsorge für unseren Körper fehlen lassen sollten. Ich glaube, Gott will auch die Krankheiten heilen, die verursacht wurden, weil wir unseren Körper vernachlässigt oder gar mißbraucht haben. Das Wunder am Teich von Bethesda scheint auf so etwas hinzudeuten, denn Jesus sagte dem Menschen, den Er dort heilte: „Siehe, du bist gesund geworden; sündige nicht mehr, damit dir nicht Ärgeres widerfahre" (Johannes 5, 14). Wenn Sie besser wissen, was Ihrer Gesundheit dienen würde, und trotzdem fortfahren, ihren Körper zu vernachlässigen oder gar zu mißbrauchen, zeigen Sie damit, daß Ihnen gar nicht wirklich etwas an Ihrer Heilung liegt.

Vor einiger Zeit begegnete mir in einer Konferenz eine

Frau, die ständig ein kleines Sauerstoffgerät bei sich trug, um ihr Atmen zu unterstützen. Sie sagte, ihre Ärzte gäben ihr nur noch eine kurze Zeit zu leben, weil ihre Lungen durch lange Jahre übermäßigen Rauchens ziemlich zerstört seien. ,,Es hat keinen Zweck, für mich um Heilung zu beten", fuhr sie fort, ,,denn wenn Gott mich heilte, würde ich sofort wieder so zu rauchen beginnen wie früher." Sie war wenigstens noch ehrlich. Ihre Not lag selbstverständlich in der Tatsache, daß zunächst einmal ihre Seele Heilung bedurfte von dem Problem, das sie zu dem übermäßig starken Rauchen veranlaßte. Was immer für ein Problem es auch war, es mußte so stark sein, daß es sie veranlaßte, sich langsam umzubringen.

Es gibt eine Anzahl Menschen, die sich so ähnlich benehmen wie diese Frau, vielleicht manche in nicht ganz so dramatischer Weise. Was ist mit denen zum Beispiel, die — vielleicht nur mäßig, wie sie sagen — regelmäßig Alkohol trinken? Oder wie steht es mit solchen, die so viel essen müssen, daß sie durch Übergewicht und anderes ihren Körper krank machen? Wir könnten noch etliche andere Dinge hier erwähnen. Oft entstehen dadurch auf lange Sicht gesehen üble Krankheiten, für die Gott nachher verantwortlich gemacht wird. Gerade was die richtige Ernährung angeht, sollten wir heute alle viel mehr darauf achten.

ZUM SCHLUSS

Gott wird nicht verherrlicht durch Krankheit und Tod, sondern durch Leben und Gesundheit. Auch Jesu Leiden kann man wohl nicht Krankheiten zuschieben, Er litt aus anderen Gründen als aus mangelnder Gesundheit.

Wenn wir es wirklich meinen, wenn wir beten: ,,Dein Reich komme auf Erden wie im Himmel", können wir nicht glauben, daß Gott Krankheiten auf Erden aus irgendwelchen Gründen fortdauern lassen möchte, denn im Himmel gibt es keine Trauer, kein Geschrei und keine Schmerzen mehr

(Offenbarung 21, 3—7). Wenn das Reich Gottes sich auch äußerlich wieder über die ganze Erde ausgebreitet hat, werden Krankheiten, Leid und Schmerzen verschwinden. In dem Maße, in dem Menschen jetzt Jesus Christus als ihren Erlöser annehmen und noch mehr, wenn sie mit dem Heiligen Geist getauft werden, kann Gott Sein Reich auf Erden jetzt schon nach und nach aufbauen. Die Stelle in Lukas 17, 21 ist in manchen Bibelübersetzungen nicht ganz korrekt wiedergegeben, so sehr sie uns auch in der nicht ganz richtigen Form gefallen mag. Jesus sagte nicht: ,,Das Reich Gottes ist in euch", obwohl dies sicherlich für jeden Menschen, der Jesus als seinen Erlöser angenommen hat, auch stimmt, sondern Er sagt dort: ,,Das Reich Gottes ist mitten unter euch." Das heißt auch: Das Königreich der Himmel hat hier auf dieser Erde mitten unter euch jetzt schon begonnen, ob ihr es nun schon bemerkt habt oder nicht. Es spielt dabei auch keine Rolle, ob es euch gefällt oder nicht. Das Königreich Gottes wird auf Erden jetzt schon überall da befestigt, wo die Kraft des Heiligen Geistes durch Menschen wirken kann. Und wenn das Königreich aufgebaut wird, muß auch Krankheit weichen. Freuen Sie sich darüber, daß in Ihrem Geist und Ihrer Seele das Reich Gottes Raum hat, aber vergessen Sie nicht, daß auch Ihr Leib an den Segnungen dieses Reiches teilhaben soll.

Wir sollten für die Kranken beten — überall und zu jeder Zeit, wenn Jesus uns so führt. Wenn Sie ein gläubiges Kind Gottes sind, so müssen Sie nicht unbedingt darauf warten, daß ein ,,Experte" kommt, der mit Kranken betet, Sie haben als Kind des Königs Jesus Christus das Recht, dies auch zu tun, und: ,,Diese Zeichen aber werden denen folgen, die glauben" (Markus 16, 17).

Sollten Sie selbst krank sein, so bitten Sie andere, mit Ihnen um Ihre Heilung zu beten; und vergessen Sie nicht, daß eine Reihe von Menschen schon geheilt wurden, als sie ihre eigenen Probleme vergaßen und für die Nöte anderer beteten. Wenn Sie Jesus als Herrn angenommen haben, haben

Sie auch das Heil in Christus empfangen; und dieses Heil will mit seiner Heilungskraft Geist, Seele und Leib heil machen. Vor allem aber öffnen Sie sich immer mehr dem Wirken des Heiligen Geistes, damit Sie sich durch Jesus Christus und Seine Liebe immer mehr der Gemeinschaft mit Gott, unserem himmlischen Vater erfreuen können.

Wenn Sie beten: ,,Dein Reich komme", stellen Sie sich dabei dem Herrn so zur Verfügung, daß dieses Gebet immer zuerst in Ihrem eigenen Leben mehr und mehr wahr werden kann.

7. Kapitel

Fallen unter der Kraft

Wann immer in der Geschichte der christlichen Gemeinde der Heilige Geist besonders mächtig wirken konnte, geschah es auch, daß Menschen unter dieser Kraft zu Boden fielen. Sie fielen um, weil sie von der Gegenwart Gottes überwältigt wurden. Große Erweckungsprediger, wie Wesley und Finney zum Beispiel, erlebten dies in ihren Versammlungen. Auch während der großen Erweckung, die im 18. Jahrhundert in den USA aufbrach, geschah es häufig.

Auch in der ersten Zeit der Pfingsterweckung fielen Menschen unter der Kraft des Heiligen Geistes oft zu Boden. Von den großen Versammlungen in der Azusa-Straße im Jahre 1906 wird berichtet, daß die Gegenwart Gottes so mächtig spürbar war, daß die Menschen zu Boden fielen, sobald sie das Gebäude betraten.

In jüngerer Zeit berichtet zum Beispiel Gerald Destine, daß in seiner sehr ruhigen und zurückhaltenden Mennoniten-Gemeinde eines der ersten Anzeichen eines neuen Wirkens des Heiligen Geistes war, daß eine Anzahl von jungen Menschen zu Boden fielen. Ist dies eine gewichtige Manifestation des Wirkens des Geistes Gottes oder sind es einfach nur überschwengliche Gefühlsäußerungen?

Es wäre wirklich nicht schwer, solche Vorkommnisse nur als Gefühlsäußerungen zu erklären. Oft erlebt man, daß die Menschen vorher schon psychologisch darauf vorbereitet werden, indem sich Männer hinter sie stellen, die sie auffangen wollen. Manchmal liegen auch schon Decken bereit, die man Damen überwerfen kann, um den Anstand nicht zu verletzen, wenn sie fallen. Ich habe schon Menschen umfallen sehen, die offensichtlich nur dem Evangelisten einen Gefallen tun wollten. Eine ältere Dame hielt einmal beim Umfallen ihren Hut fest, damit dieser nicht verrutschte. Manchmal hat man auch den Eindruck, als gäbe der Evangelist noch einen ganz leichten Extra-Stoß.

Doch dieses Umfallen erlebt man heute auch in Gemeinden, in denen versucht wird, alle gefühlsmäßigen Regungen möglichst auszuschließen, wie in der Anglikanischen und der Katholischen Kirche. Die Katholiken nennen es „Ruhen im Geist", denn auch dort ist es nicht neu. Schon vor mehr als 15 Jahren, als die charismatische Erneuerung in der Episkopal-Kirche begann, erzählte mir eine Frau: „Als wir vor dem Altar knieten, um eingesegnet zu werden, legte der Bischof der Frau neben mir die Hände auf den Kopf; da fiel sie um, und direkt auf mich."

Kurze Zeit nachdem ich in die St. Lukas-Episkopal-Kirche in Seattle kam, knieten nach der Abendmahlsfeier zwei Frauen vor dem Altar nieder, weil sie Gebet für körperliche Heilung wünschten. Ich betete mit jeder von ihnen und legte ihnen dabei die Hände auf den Kopf. Nach dem Gottesdienst kamen die beiden zu mir und fragten: „Was ist nur geschehen? Während Sie für uns beteten, wären wir beide fast umgefallen. Es geschah nur nicht, weil wir uns am Geländer des Altars festhalten konnten." Soweit mir bekannt war, wußten die Frauen nichts von dem Phänomen des „Fallens unter der Kraft". Und ich wußte zu jener Zeit auch noch nichts davon.

Vor etwa vier Jahren betete meine Frau Rita nach einem Gottesdienst in einer Kirche in Idaho mit etwa 50 Menschen um den Empfang der Geistestaufe. Ein Mann aus dieser

Gruppe, ein Architekt, begann zu weissagen. (Weissagung ist eine der Gaben des Heiligen Geistes, muß aber nicht unbedingt Vorhersagen der Zukunft meinen, sondern kann auch ein Wort des Herrn in der augenblicklichen Lage sein.) Während dieser Mann noch sprach, fielen zwei ältere Damen um, ohne daß jemand sich besonders mit ihnen beschäftigt hatte. Sie waren offenbar von der anwesenden Herrlichkeit Gottes überwältigt worden.

In einer Episkopal-Kirche im Südosten unseres Landes hatten wir mit einer Anzahl Menschen gebetet. Ein Mann, der soeben die Taufe im Heiligen Geist erlebt hatte, erhob sich und ging einige Schritte. Doch dann fiel er wieder auf die Knie, weil das Erlebnis ihn so mächtig gepackt hatte, daß Er noch nicht stehen konnte.

Meine Frau Rita betete während einer Freizeit in Oklahoma mit einer Frau, die in ihr Zimmer zurückgetragen werden mußte, weil ihre Beine sie nicht mehr trugen. Dort lag sie, erfüllt mit der Freude im Heiligen Geist, die ganze Nacht auf ihrem Bett. Am nächsten Morgen stellte sie fest, daß sie gleichzeitig von einer sehr schmerzhaften Neuritis geheilt worden war.

In Kalifornien wurde mit einem 92jährigen Mann um den Empfang der Geistestaufe gebetet. Als er sie erlebte, fiel er zu Boden. Die Anwesenden machten sich natürlich Sorgen um seinen Zustand. Doch ihm ging es gut. Er lag mehr als eine Stunde dort. Anschließend stand er auf und ging nach Hause. Am nächsten Morgen war er fröhlich und munter wieder im Gottesdienst.

WIE VERSTEHE ICH ES?

Was bedeutet dieses „Fallen unter der Kraft"? Hat es eine echte Bedeutung und einen Sinn für unser geistliches Leben?

Der Herr schlägt seine treuen Kinder nicht zu Boden, aber der menschliche Körper und auch die Seele reagieren manchmal auf das Wirken des Heiligen Geistes in dieser Weise. Plötzlich versagen dann die Muskeln, und unsere Glieder verlieren ihre Kraft, so daß die betreffende Person auf den Fußboden fällt. Jemand beschrieb es einmal so: „Ich fühlte mich wie ein »kleines glückliches Häufchen«." Der Mensch verliert dabei nicht sein Bewußtsein, er ist einfach nur überwältigt von der Liebe und der Herrlichkeit Gottes. Die meisten Menschen, die eine solche Erfahrung machen, sagen, sie hätten sich danach sehr gestärkt gefühlt. Oft beschreiben sie es mit Worten wie z. B.: „Es war, als hätte ich eine kleine Weile mit dem Herrn im Himmel verbracht."

Das „Fallen unter der Kraft" kann manchmal sehr glaubensstarken und stabilen Christen widerfahren, ohne daß sie vorher auch nur entfernt daran gedacht hätten oder überhaupt wußten, daß es so etwas gibt. Wenn Sie oft mit anderen Menschen oder für andere Menschen beten, dann wissen Sie, daß manche von ihnen auf diese Weise reagieren.

IST ES DENN BIBLISCH?

Ist so etwas denn auch biblisch? Es scheint so zu sein. Zweimal berichtet die Bibel, wie der Prophet Hesekiel auf das Angesicht fiel, als er die Herrlichkeit Gottes sah (Hesekiel 1, 28; 3, 23). Der Apostel Johannes sah den verherrlichten Jesus und „fiel zu Seinen Füßen wie tot" (Offenbarung 1, 17). Daniel sagt, als der Engel Gabriel zu ihm kam: „Ich erschrak und fiel nieder auf mein Angesicht" (Daniel 8, 17). Bei einer anderen Gelegenheit, als Daniel ähnliches erlebte, berichtet er: „Und es blieb keine Kraft in mir" (Daniel 10, 8). So erlebte es auch Abraham, als Gott einen Bund mit ihm schloß. „Und siehe, Schrecken und dichte Finsternis überfielen ihn" (1. Mose 15, 12). Bei der Einweihung von Salomos Tempel wird berichtet: „Und die Priester vermochten wegen der Wolke nicht dazustehen, um den Dienst zu verrichten; denn die Herrlichkeit des Herrn erfüllte das Haus Gottes" (2. Chronik 5, 14). Das hier gebrauchte hebräische Wort kann mehreres bedeuten: stehen oder ausharren oder bleiben. Bibellehrer würden jedenfalls sagen, die Priester waren durch die Gegenwart Gottes so von Achtung und Ehrfurcht überwältigt, daß sie dort nicht stehen bleiben konnten. Es wird uns nicht gesagt, daß sie davongelaufen seien. Daraus können wir schließen, daß dieses „vermochten... nicht dazustehen" vor der Herrlichkeit Gottes wörtlich gemeint ist und sie zu Boden gefallen waren.

Am ersten Pfingsttag beschuldigte man die Jünger wegen ihres Benehmens, sie seien betrunken. Dies ist ein anderes Beispiel, wie Männer und Frauen durch die Herrlichkeit Gottes so überwältigt sein können, daß sie nicht in der Lage sind, gerade zu stehen.

Es kann also keinerlei Zweifel daran bestehen, daß die Bibel uns von Menschen berichtet, die unter dem Eindruck der Kraft oder der Herrlichkeit Gottes zu Boden fielen. Es muß auch festgestellt werden, daß niemand Hand an Daniel oder Johannes oder die Priester in Salomos Tempel legte, damit sie zu Boden fielen. Sie fielen nieder, weil sie von der Herrlichkeit Gottes überwältigt waren. Und so ähnlich scheint es manchen Berichten nach in der christlichen Geschichte zu Zeiten von geistlichen Erweckungen und Kraftausgießungen immer wieder Menschen ergangen zu sein. Weder die Brüder Wesley noch der Evangelist Finney unternahmen etwas, um in ihren Versammlungen Menschen umfallen zu lassen. Vor allem die Wesleys mußten eher den Wunsch haben, daß solche Dinge nicht geschahen, denn sie hatten so schon genug Schwierigkeiten mit der verweltlichten und korrupten Kirche ihrer Tage, ohne daß Menschen zu Boden fielen, was vor allem während der Predigten von John Wesley nicht selten geschah.

Gewiß, in der Bibel finden wir kein Beispiel dafür, daß jemand, mit dem unter Handauflegung gebetet wurde, „unter der Kraft" zu Boden fiel. Trotzdem ist wahr, daß manchmal Menschen umfallen, wenn ihnen die Hände aufgelegt werden. Manches davon mag psychologisch erklärt werden können. Aber gewiß stimmt auch, daß der Heilige Geist durch die Hände von Christen wirken kann, in denen Er wohnt und die Er mit Seiner Kraft erfüllt. Als ich einmal mit einer Kranken um ihre Heilung betete und ihr die Hände auflegte, rief sie: „Oh, Sie verbrennen mich!" Ich habe von dieser Hitze, die der Heilige Geist erzeugte, nichts gespürt, aber sie wohl.

VERÄNDERTE ERWARTUNG

Zur Zeit der großen Pfingsterweckung am Anfang unseres Jahrhunderts geschah es auch nicht selten, daß Menschen unter der Kraft des Heiligen Geistes zu Boden fielen. Doch von den großen Pionieren der Pfingsterweckung, wie Smith Wigglesworth u. a., hören wir nicht, daß sie auf dieses Phänomen besondere Betonung gelegt hätten. Wenn es geschah, war es spontan und wurde als ein Zeichen für das Wirken des Heiligen Geistes angesehen. Doch man konzentrierte sich nicht darauf. Es ist natürlich eine beeindruckende Sache, daß Menschen umfallen, wenn mit ihnen gebetet wird; und es ist leicht, sich dann selbst zu überreden, man habe eben ein besonderes Maß an Kraft bekommen. Deshalb trat nach und nach auf diesem Gebiet eine Veränderung in der Erwartung und Betonung ein. Manche Evangelisten machten das „Umfallen" zu einem regelrechten Merkmal ihres Dienstes; wenn sie mit Menschen beteten, so fielen diese eben um. Die Leute wurden durch Belehrung und Beispiel ermutigt zu erwarten, daß dies mit ihnen geschehen würde.

Im Dienst der verstorbenen Kathryn Kuhlman trat dieses Phänomen besonders auf, und viele andere sind ihrem Beispiel gefolgt. Heute findet man es oft, daß Evangelisten und Bibellehrer in ihren Konferenzen ermutigen, unter der Kraft zu Boden zu fallen. Manchmal scheint es sich dabei mehr um eine Stärkung des Ansehens des Evangelisten zu handeln und weniger um ein spontanes Fallen vor der Herrlichkeit Gottes. Vor einiger Zeit las ich, wie ein Verkündiger des Evangeliums von sich behauptete, die Menschen würden zu Boden fallen, wenn er nur mit dem Finger auf sie zeige. Ein anderer sagte, alles, was er tun müsse sei, sie anzuhauchen, dann würden sie umfallen. Wieder ein anderer erklärte, er lege den Menschen die Hände mehrere Male auf, damit sie ebenso oft zu Boden fielen, oder er brauche die Menschen nur überraschend von hinten zu berühren und sie würden zu Boden fallen. In diesen zuletzt erwähnten Beispielen scheint mir eher eine menschliche Überbetonung vorzuliegen, die nichts mehr mit der Verherrlichung Gottes zu tun hat.

FALLEN UND HEILUNG

Jeder, der im Reiche Gottes in einem Dienst steht, weiß, daß die Menschen einmal voller Glauben und offen reagieren und ein anderes Mal verschlossen und mutlos sind. Manchmal scheinen sie bereit zu sein, im Glauben die Verheißungen Gottes zu ergreifen, und manchmal nicht. Das ,,Fallen unter der Kraft'' scheint der Herr manchmal zu gebrauchen, um einen Dienst zu bestätigen und auch, um Menschen Mut zu machen zu glauben. Da Gott Menschen leichter segnen kann, wenn sie bereit sind zu glauben und offen sind für Ihn, können Heilungen und andere Gebetserhörungen oft leichter geschehen, wenn ein Mensch unter der Kraft zu Boden fällt. Denn ein Mensch fällt gewöhnlich dann unter der Kraftwirkung des Heiligen Geistes zu Boden, wenn er bereit ist, sich selbst völlig loszulassen; dabei ist er aber auch offen für Gott, um von Ihm den Dienst und die Hilfe zur körperlichen Heilung zu empfangen. Deshalb entsteht bei manchen Leuten der Eindruck, daß die Menschen durch das Fallen unter der Kraft geheilt werden. Sie sagen dann: ,,Das ist die richtige Methode. Wenn du nur zu Boden fällst, dann empfängst du

Hilfe — Heilung, die Taufe im Heiligen Geist, neue Kraft oder was du gerade von Gott erbittest und brauchst."

Doch diese Meinung ist falsch. Menschen mögen Heilung empfangen, während sie unter der Kraft zu Boden fallen. Doch genauso oft fallen sie und werden nicht geheilt. Das Fallen bewirkt die Heilung nicht. Wenn ein Mensch dies erwartet und fällt und wird dann doch nicht geheilt, wird er nachher ganz leicht entmutigt und mag denken: „Nicht einmal das kann mir helfen." Oder wenn er nicht zu Boden fällt, denkt er: „Mein Leben ist eben noch nicht zubereitet genug." Doch Menschen können auch dramatische Heilungen erleben, ohne daß es dafür andere äußere Anzeichen oder Gefühle gibt. Manchmal werden Menschen auch erst Stunden oder Tage nachdem mit ihnen gebetet wurde geheilt. In den ersten acht Jahren meines Dienstes als Pastor in der Lukas-Kirche erlebten wir viele Heilungen und andere Wunder, doch außer den beiden Damen, von denen ich schon berichtete, gibt es keinen Fall, daß jemand unter der Kraft Gottes zu Boden gefallen wäre. Es ist niemals gut, wenn Sie Ihren Glauben auf äußere Zeichen aufbauen wollen. „Christen folgen keinen Zeichen; aber die Zeichen folgen den wahrhaft gläubigen Christen!"

Kathryn Kuhlman hat keine besondere Betonung auf das „Fallen unter der Kraft" als ein Hilfsmittel für Heilung gelegt. Sie ermutigte ihre Zuhörer, Gott zu vertrauen, daß Er sie heilen würde während sie in der Versammlung saßen und stärkte den Glauben der Leute durch die „Gabe der Erkenntnis". „Jemand dort hinten ist gerade von Arthritis geheilt worden", sagte sie, oder: „Auf der Empore hat gerade jemand Heilung für seinen Rücken empfangen." Wenn Menschen das hörten, ergriffen sie im Glauben die Heilung, die der Herr ihnen anbot, und Gott konnte sie heilen. Auf diese Weise wurden durch Kathryn Kuhlmans Dienst viele Tausende geheilt. Dann forderte Kathryn Kuhlman sie auf, nach vorn zu kommen und von ihrer erlebten Heilung Zeugnis zu geben. Zu diesem Zeitpunkt legte sie dann gewöhnlich die

Hände auf die Geheilten, und sie fielen unter der Kraft zu Boden. Aber die Heilung war vorher geschehen.

Wenn Menschen unter der Kraft zu Boden fallen, denken viele, dies sei ein Beweis für die Heiligkeit und Kraft des Evangelisten sowie für die Wirksamkeit seines Dienstes; außerdem meint man, daß Menschen, die auf diese Weise fallen, sich besonders bereitwillig dem Heiligen Geist unterordnet hätten. Beides ist falsch. Ich kenne eine liebe gläubige Frau mit Namen Gwen, die zu ihren Bekannten sagt: „Wenn ihr nicht unter der Kraft umfallt, habt ihr euch noch nicht völlig dem Herrn ausgeliefert."

Solche Ansichten sind nicht nur falsch, sondern auch gefährlich, denn Menschen mögen dann glauben, „Übergabe an Gott" bedeute passiv zu sein. Viele Leute möchten gern, daß etwas an ihnen oder für sie geschieht, damit ihre Probleme gelöst werden, ohne daß sie selbst etwas dazu tun müssen. Vielleicht suchen sie Befreiung oder jemand, bei dem sie dann unter der Kraft zu Boden fallen. Es ist immer geistlich und psychologisch gefährlich, passiv zu sein, denn dadurch öffnet man sich allen Einflüssen, die gerade daher kommen. Es mag eine Anzahl Menschen geben, die es nicht nötig haben, unter der Kraft zu fallen, sondern eher Buße zu tun und Vergebung zu suchen oder ihren Ungehorsam dem Willen Gottes gegenüber zu ändern, damit sie in ihrer Seele Heilung finden. Doch wenn man selbst nichts zu tun braucht, meinen manche, wäre das ja viel einfacher.

Ich denke jetzt gerade an Ben, einen jungen Pastor aus einer der historischen Kirchen. Er sagt allen, daß jeder mindestens einmal in der Woche unter der Kraft zu Boden fallen müßte, um frei zu bleiben und immer neu geistlich erfrischt zu werden. Doch Bens Freunde wissen, daß er in seinem Leben große und tiefe Probleme hat und daß sein persönliches Leben nicht in Ordnung ist. Doch er weigert sich, sein Leben zu ordnen und geht seinen Problemen immer wieder aus dem Weg. Er scheint zu versuchen, sich immer wieder durch gewisse äußere Erfahrungen in einen geistlichen

„Rausch" zu versetzen, statt mit den Dingen zu Gott zu kommen, die in seinem Leben nicht in Ordnung sind. So wird er nie wahre Hilfe und Heilung für seine Seele finden.

ANDERE GRÜNDE FÜR DAS UMFALLEN

Wenn jemand unter der übernatürlichen Kraft zu Boden fällt, ist dies nicht immer ein Zeichen dafür, daß er einen Segen von Gott empfangen hat. Wir müssen erkennen, daß es für dieses Umfallen mindestens auch noch zwei andere Gründe geben kann.

Menschen mögen umfallen, weil sie in Ungehorsam und Rebellion gegen Gott stehen. Paulus wurde auf der Straße nach Damaskus zu Boden geworfen, als er gegen Jesus und die christliche Gemeinde wütete (Apostelgeschichte 9, 4). Und auch die Männer, die in den Garten Gethsemane kamen, um Jesus gefangen zu nehmen, fielen rückwärts zu Boden (Johannes 18, 6). In beiden Fällen handelte es sich um Menschen, die zu der Zeit Feinde Christi waren. Paulus wurde durch den Heiligen Geist zu Boden geworfen und erblindete zeitweise, um ihn zu demütigen und mit Jesus zu konfrontieren. Die Männer, die kamen, um Jesus gefangen zu nehmen, stürzten rückwärts zu Boden, als sie einen kleinen Eindruck von Jesu wirklicher Macht und Herrlichkeit bekamen. Jesus tat dies vielleicht, um Seinen Jüngern zu zeigen, daß Er immer noch völlig Herr der Lage war, obwohl Er sich dann widerstandslos gefangen nehmen ließ.

Wir sehen also, daß auch Ungläubige vor der Gegenwart Gottes zu Boden fallen können. Dann mögen sie entweder Buße tun und ihr Leben Jesus übergeben, wie Paulus es tat; oder sie mögen fortfahren, sich gegen Ihn zu verhärten, wie die Soldaten, die Jesus trotzdem gefangen nahmen.

Zweitens mögen manche Menschen auch zu Boden fallen, weil sie von einem bösen Geist bedrängt werden. Wir haben im Laufe der Zeit durch Erfahrungen gelernt, was der

Apostel Paulus meint, wenn er warnt: „Die Hände lege niemand schnell auf" (1. Timotheus 5, 22). Wir tun es nicht mehr, ehe wir nicht wissen, ob der Betreffende errettet ist und ein Eigentum Jesu. Früher haben wir es dann erlebt, daß ein Mensch zu Boden fiel und um sich schlug, weil er noch unter Belastungen durch Dämonen litt oder gar besessen war. Vielleicht war dies auch der Grund, weshalb man den ersten Pfingstgläubigen unseres Jahrhunderts den Spitznamen „Holy Rollers" (Heilige Roller) gab. Sie waren damals Pioniere in einer geistlichen Dimension, die von den christlichen Kirchen seit vielen Jahrhunderten vernachlässigt worden war, und mußten erst wieder selbst Erfahrungen sammeln. Da auch sie nicht immer vorsichtig waren und manchmal Menschen die Hände auflegten, die sie nicht kannten, konnte es je und dann geschehen, daß jemand zu Boden fiel, um sich schlug und herumzurollen begann.

In seinem Buch „Spiritual Warfare" erzählt Michael Harper, wie er und ich im Jahre 1965 nach einem Gottesdienst in England gemeinsam mit einer Gruppe von Menschen beteten, die nach dem Empfang der Geistestaufe suchten. Ich kam zu einem jungen Mann, dessen weißer Kragen zeigte, daß er Pastor irgendeiner Kirche war. Ich hatte ihm kaum die Hände aufgelegt, da stürzte er zu Boden, als habe jemand ihm einen gewaltigen Stoß versetzt. Er war offensichtlich in großem Kummer. Andere, die uns halfen, nahmen ihn mit in einen anderen Raum. Dort wurde er ein zweites Mal zu Boden geschleudert. Erst jetzt stellte sich heraus, daß dieser junge Mann besessen war und noch keine persönliche Übergabe seines Lebens an Jesus vorgenommen hatte. Die Gläubigen, die mit ihm beteten, geboten dem Dämon, auszufahren. Nachdem der Dämon ausgetrieben war, übergab der junge Geistliche sein Leben Jesus und begann glücklich Gott zu preisen. Er ging als ganz anderer Mensch nach Hause als er gekommen war.

EINE AUSGEWOGENE MEINUNG

Menschen mögen, wenn mit ihnen gebetet wird, unter der Kraft zu Boden fallen und dadurch auch echte Segnungen empfangen. Doch dieses Erlebnis sollte nicht so betont werden, als wäre es nötig, um Heilung oder andere bestimmte Segnungen von Gott zu erhalten, oder als wäre es ein Hinweis für besondere Kraft oder besondere Heiligkeit des Menschen. Nicht alle Menschen müssen die Segnungen Gottes auf die gleiche Weise empfangen, deshalb kann man auch keine bestimmten Regeln daraus machen. Unser Herr ist ein Gott der Vielfalt, und die Menschen reagieren auf die Erfahrung Seiner Kraft und Seiner Gegenwart auf ganz verschiedene Weise.

Meine frühere Sekretärin beschäftigte sich im Jahre 1970 auch mit dieser Frage, und Gott gab ihr, als sie ernstlich forschte, in einem Gesicht eine Illustration darüber. Es soll hier in ihren eigenen Worten wiedergegeben werden:

,,Ich suchte in der Bibel und fragte ernstlich den Herrn, was es mit diesem »Fallen unter der Kraft« auf sich hatte, denn mir schien es, als würden viele Christen diese Sache gerade wie ihr neuestes Spielzeug behandeln. Man war nach der Meinung vieler einfach nicht »richtig im Geist«, wenn man nicht unter der Kraft zu Boden fiel. Eines Tages flehte ich deshalb besonders zum Herrn, und Er gab mir eine Antwort, die mir half, darüber Frieden zu finden.

Ich sah im Geist eine wunderschöne Berglandschaft während der Sommerzeit. Ein mächtiger und erfrischender Wasserfall vom reinsten Wasser, das ich je gesehen hatte, stürzte einen Berghang herunter. Ich sah Menschen allen Alters, die sich um den Wasserfall versammelt hatten und sich an ihm erfreuten. Manche gingen in das Wasser hinein und planschten darin, andere wagten sich so nahe wie möglich an den Rand des Falles und ließen sich von den Wasserfontänen bespritzen; noch andere stiegen am Berghang hinauf bis zum Anfang des Falls und ließen sich dann unter freudigem Rufen vom Wasser hinuntertragen und begannen anschließend das Spiel von vorn.

Dann schaute ich weiter in das Land hinaus und sah zu meinem Erstaunen hinter dem Wasserfall eine riesige braune Wüste mit tiefen Spalten in der Oberfläche. Die Wüste reichte so weit das Auge sehen konnte. Was mich erstaunte war, daß hier fortwährend diese gewaltigen Mengen Wasser den Berg herabstürzten; trotzdem schien dieses Wasser nicht in der Lage zu sein, in die Wüste zu fließen und dort etwas zu verändern. Ich fragte den Herrn nach der Ursache. Er zeigte mir, welch mächtiger Gott Er ist und daß Er lebendiges Wasser die Fülle hat, um Seine Kinder zu erfrischen, zu erfreuen, zu stärken und zu segnen. Der Strom Seines Wassers ist so mächtig, daß sie sich darauf hinuntertragen lassen können, ohne sich weh zu tun. An diesen Segensströmen erfreuen sich Seine Kinder, es gefällt ihnen so, daß sie sich immer wieder hineinstürzen und ein frohes Spiel daraus machen. Als ich mir die Menschen im Wasser und um das Wasser herum näher betrachtete, stellte ich fest, daß sie so mit sich und ihrer Freude an dem Wasser beschäftigt waren, daß sie die riesige braune Wüste gar nicht bemerkten.

Der Herr zeigte mir dann, wie sehr er sich wünscht, daß dieses lebendige Wasser Seines Geistes in die dürre Wüste hinausgetragen wird, damit es dort zu grünen und zu wachsen beginnt. Doch das Wasser muß durch Seine Kinder in diese Wüste getragen werden. Natürlich ist es zuerst immer wieder nötig, daß Seine Kinder selbst gesegnet und erfrischt werden. Doch sie sollten daraus kein Spiel machen, sondern das Wasser in die Wüste dieser Welt tragen, damit alle Menschen auf Erden dadurch gesegnet werden können." So weit das Erlebnis meiner Sekretärin.

Kurz nachdem ich selbst die Taufe im Heiligen Geist erlebt hatte, hielt ich einen Abendmahlsgottesdienst in unserer Kirche von Van Nuys in Kalifornien. Als ich mich vom Altar weg zur Gemeinde wandte, schlug mir eine Welle von Liebe und inniger Gemeinschaft aus der Versammlung entgegen. Ich war an einer sehr ernsten Stelle in der Abendmahlsliturgie, nämlich bei der Aufforderung, Buße zu tun, wenn man sich am Herrn versündigt hatte, doch innerlich fühlte ich mich so, als müsse ich laut „Preis dem Herrn" rufen oder ich würde unter dem Gewicht der Liebe, die mir von den vielen neu geistgetauften Gliedern der Gemeinde entgegenschlug, zu Boden fallen. Doch ich wußte, daß weder das laute Rufen noch das Fallen zu diesem Zeitpunkt in Ordnung gewesen wäre, sondern nur viele andere, die es nicht verstanden, verschreckt hätte. Also hielt ich meine Gefühle unter Kontrolle und fuhr mit dem Gottesdienst fort.

Auch Sie mögen manchmal die Gegenwart Gottes in Ihrem Leben so überwältigend spüren, daß Sie gern auf die Knie fallen oder laut den Herrn preisen möchten, obwohl die Umstände, in denen Sie gerade sind, es nicht weise erscheinen lassen. Sie sollten wissen, daß Gott Sie segnen wird, ob Sie nun stehen oder niederfallen. Paulus sagt in 2. Korinther 5, 13: „Denn sei es, daß wir außer uns waren, so waren wir es für Gott; sei es, daß wir vernünftig sind, so sind wir es für euch."

Es gibt genug Bibelstellen, die uns klar sagen, daß wir wiedergeboren sein müssen und geistliche Früchte tragen müssen, daß es nötig ist, durch die Taufe im Heiligen Geist Kraft zu empfangen und die Gaben des Geistes dazu; doch es gibt keine einzige Bibelstelle, die sagt, daß ein Christ unter der Kraft zu Boden fallen muß. Wenn Ihnen dies also nicht widerfahren ist, sollten Sie sich deshalb keine Sorgen machen, Sie haben nichts vermißt. Einige haben diese Erfahrung gemacht, andere wieder nicht; aber nicht deshalb, weil die einen „geistlicher" wären und die anderen weniger bereit, auf das Wirken des Heiligen Geistes einzugehen, sondern weil ihre psychologische Verfassung anders ist und sie auf andere Weise auf das Wirken des Geistes reagieren. Der Heilige Geist wirkt in den Gläubigen auf vielerlei Weise und schenkt ihnen verschiedene Erfahrungen. Paulus hatte Visionen, Petrus ging auf dem Wasser, Henoch und Elia wurden, ohne zu sterben, mit ihrem Körper in den Himmel transportiert; Philippus wurde durch den Heiligen Geist eine lange Strecke durch die Luft zu einem anderen Ort getragen. Am wichtigsten bei allem ist, daß wir Tag für Tag den Willen Gottes tun. Wenn der Herr Ihnen eine Vision geben möchte, wird Er es tun; doch Sie können innerlich in Schwierigkeiten geraten, wenn Sie herumsitzen und um eine Vision beten oder versuchen, selbst eine zu erzeugen. Welche übernatürlichen Segnungen Gott auch für uns hat, wir wollen offen sein dafür. Wir sollten aber nicht versuchen, andere in unsere Art der Erfahrung hineinzuzwängen. Wir sollten aber auch nicht abstreiten und ablehnen, wenn Gott unserem Mitchristen andere geistliche Erfahrungen schenkt, die wir selbst nie gemacht haben. Laßt uns vor allem das lebendige Wasser des Heiligen Geistes nehmen und in die dürre Wüste dieser Welt, in der wir leben, hinaustragen.

Gott hat in Seinem Wort viele und vielerlei Verheißungen, Segnungen, Gaben und Kräfte für Seine Kinder. Zum rechten ausgewogenen geistlichen Wandel gehört, daß wir für alle Verheißungen Gottes offen sind und nicht durch eigene Wünsche oder Vorurteile Gott hindern und das Werk des Heiligen Geistes in uns und durch uns blockieren. Nur, wenn wir bereit sind, zu allem, was Gott in Seinem Wort fordert und anbietet, ja zu sagen und darauf einzugehen, kann es in unserem Leben zu einem rechten ausgewogenen geistlichen Wachstum kommen, durch das sich auch die Früchte des Heiligen Geistes in der rechten Weise entfalten können. Gott helfe uns dazu.

Weitere empfehlenswerte Bücher zum Thema

Baumann, Bert
    DIE HEILUNG DER SEELE, Leuchter-Verlag
Bennet, Dennis
    IN DER DRITTEN STUNDE, Leuchter-Verlag
Bennet, Dennis und Rita
    DER HEILIGE GEIST UND DU, Leuchter-Verlag
Bennet, Dennis und Rita
    DIE TRINITÄT DES MENSCHEN, Leuchter-Verlag
Frodsham, Stanley
    SMITH WIGGLESWORTH:
    APOSTEL DES GLAUBENS, Leuchter-Verlag
Kuhlman, Kathryn
    ICH GLAUBE AN WUNDER, Fix-Verlag
Marshall, Cathrin
    DER HELFER, Leuchter-Verlag
Murray, Andrew
    JESUS HEILT DIE KRANKEN, Fix-Verlag
Sanford, Agnes
    DAS HEILENDE LICHT
    Ökumenischer Verlag Eugen Edel
Tapscott, Betty
    INNERE HEILUNG, Leuchter-Verlag
Tapscott, Betty
    FREI GEMACHT, Leuchter-Verlag

AKTUELLE BÜCHER —
MAN MUSS SIE GELESEN HABEN!

OFFENBARUNG DES VERBORGENEN R. Douglas Wead

Ist es möglich, Informationen zu erhalten, die man durch die fünf menschlichen Sinne bzw. durch andere normale menschliche Möglichkeiten nicht bekommen kann? Wenn ja — wie ist es möglich? Durch übersinnliche menschliche Fähigkeiten? Durch dämonischen Einfluß und okkulte Praktiken? Durch Gott, der, wenn Er es nötig findet, dem Menschen Verborgenes offenbart, wie z. B. den Propheten im Alten Testament? Wenn Gott es heute noch tut, auf welche Weise tut Er es? Mit diesen und ähnlichen Fragen beschäftigt sich das Buch und zeigt dabei etwas von den Möglichkeiten der Gaben des Heiligen Geistes.

Art.-Nr. 20 066   148 Seiten   **DM 9,95**

DIE TRINITÄT DES MENSCHEN Dennis und Rita Bennett

In den letzten Jahren hat man überall wiederentdeckt, daß das dreidimensionale Wesen Mensch im Grunde genommen eine Einheit ist und daß es falsch ist, eine der menschlichen Dimensionen — Geist, Seele, Leib — auf Kosten der anderen besonders zu betonen oder zu vernachlässigen. Nur wo Geist, Seele und Leib die ihnen zukommende Beachtung finden, kann sich dies zum Wohlbefinden der ganzen Persönlichkeit auswirken. Als Christus auf Golgatha Erlösung für den Menschen erworben hat, dachte Er an den ganzen Menschen, an alle drei Dimensionen. Wer dies nicht sehen will, verkürzt das Werk Christi. In diesem Buch redet der bekannte „Vater der charismatischen Bewegung", Dennis Bennett, vom Wirken des Heiligen Geistes und der Erlösung Christi im ganzen Menschen.

Art.-Nr. 20 085   184 Seiten (Paperback)   **DM 11,80**

PROBLEME? ES GIBT EINE LÖSUNG Malcolm Smith

Ein bekannter Prediger mit großer Karriere (man nannte ihn den „englischen Billy Graham") entdeckt, daß seinem Dienst der geistliche Tiefgang fehlt. Er hat wohl Erfolg zu verzeichnen, aber keine bleibende Frucht. An dieser Erkenntnis zerbricht er. Dies ist Gottes Gelegenheit, ihm durch den Heiligen Geist neu zu begegnen und auszurüsten. Diese neue Gottesbegegnung löst seine eigenen Probleme und auch die seiner Gemeinde. Es gibt eine neue Belebung. Ein Buch, das jeder ernste Christ lesen sollte.

Art.-Nr. 20 055   144 Seiten   **DM 5,95**

FOLGE MIR! Malcolm Smith

Vom gleichen Verfasser wie „Probleme? Es gibt eine Lösung" liegt nun auch das Buch „Folge Mir!" vor. Hier greift Smith die Frage auf, wie Menschen, die eine Christusbegegnung gemacht haben, durch die Leitung des Heiligen Geistes und durch das Vorbild und die Führung anderer Christen zu echten Christusnachfolgern werden. Wahres Christentum heißt eintreten in ein echtes Jüngerschaftsverhältnis. Gleichzeitig wird jede Gemeinde und jeder Geistliche gefragt, ob er bereit ist, aus christlicher Gesinnung für den Nächsten Verantwortung zu übernehmen.

Art.-Nr. 20 068   160 Seiten   **DM 9,95**

Preisänderungen vorbehalten.

DIE SIEBEN LETZTEN JAHRE Carol Balizet

Bei diesem Buch handelt es sich um eine ausgezeichnete biblische Erzählung, die die letzten sieben Jahre der Weltgeschichte zum Thema hat. Vor dem Leser rollt eine dramatische Folge von Ereignissen ab. Wir fühlen uns beim Lesen dieses Buches mitten hineingestellt in diese Zeit und erleben die Entrückung, die Auswirkungen der in der Offenbarung geschilderten Plagen und Gerichte der Trübsalszeit, das Auftreten und Großwerden des Antichristen und all die Ereignisse der Endzeit mit. Die Verfasserin versteht es, all die in der Bibel berichteten Endzeitereignisse so meisterhaft und spannend zu schildern, daß man das Buch bis zur letzten Seite nicht mehr aus der Hand legen möchte. Sie sollten es unbedingt lesen.
Art.-Nr. 20 079   384 Seiten   **DM 16,80**

DER WANDERER GOTTES Ellen Gunderson Traylor

Das ist die Geschichte eines Mannes, der es unter dem Eindruck eines sein Leben umwandelnden Erlebnisses wagt, sich gegen Religion, Überlieferungen und Sitten seiner Gesellschaft aufzulehnen, alle Sicherheiten hinter sich zu lassen und in die Ungewißheit eines Neuanfangs zu gehen. Mit dem Leben Abrahams, denn er ist der „Wanderer Gottes", wird uns ein gewaltiges Panorama der alten Welt entrollt. Wir werden nach Ur, Damaskus, Sodom und Ägypten geführt und lernen auch ein Stück des Lebens der Nomaden kennen. Gleichzeitig ist es aber auch die Geschichte der Geburt eines Volkes, das später „Gottes Volk" genannt wird, nämlich Israels. Sie sollten nicht versäumen, dieses Buch zu lesen.
Art.-Nr. 20 084   366 Seiten (Paperback)   **DM 16,80**

ENTSCHEIDUNG AUF DEM KARMEL William H. Stephens

Das ist die Geschichte Elias, des großen Propheten Israels, der als einzelner den Mut hatte, sich von Gott gebrauchen zu lassen, um gegen die bestimmende geistige Strömung seiner Zeit und gegen das israelitische Königshaus aufzustehen. Dabei kommt es zur gewaltigen Auseinandersetzung zwischen dem Gott Israels, dem Gott Abrahams, Isaaks und Jakobs, der durch Elia vertreten wird, und der heidnischen Baalsreligion, die von der phönizischen Königstochter Isebel, die Israels Königin ist, in Israel eingeführt wird. Diese Auseinandersetzung findet in dem dramatischen Gottesurteil auf dem Karmel seinen Höhepunkt. Ein ungeheuer packend erzähltes Buch. Sie sollten es unbedingt lesen. Auch als Geschenk gut geeignet.
Art.-Nr. 20 029   312 Seiten (Paperback)   **DM 16,80**

LEBEN ALS SIEGER Harold Hill

Der Verfasser ist Wissenschaftler und Ingenieur, dies merkt man auch seinem Buch an. Es ist ein sehr praktisches, hilfreiches und ermutigendes Buch für jeden Christen. Hill zeigt hier anhand vieler Beispiele aus dem Alltag, auch aus seinem eigenen Leben, wie man in den verschiedenen Lagen des Alltags mit Christus Sieger bleiben kann. Die originelle Sprache des Verfassers bewirkt, daß sich das Buch auch sehr gut liest. Ein Buch, das jedem Christen helfen wird für seinen Alltag.
Art.-Nr. 20 067   184 Seiten (Paperback)   **DM 10,95**

Zu beziehen durch:
Leuchter-Verlag eG, Industriestraße 6—8, D-6106 Erzhausen, Postfach 1161
In Österreich: Buchhandlung der Methodistenkirche, A-1082 Wien,
Trautsongasse 8, Postfach 65